社会主体信用奖惩机制研究

李 锋◎著

中国社会科学出版社

图书在版编目（CIP）数据

社会主体信用奖惩机制研究/李锋著.—北京：中国社会科学出版社，2017.5
ISBN 978-7-5203-0617-1

Ⅰ.①社… Ⅱ.①李… Ⅲ.①信用—研究 Ⅳ.①F830.5

中国版本图书馆 CIP 数据核字（2017）第 127229 号

出 版 人	赵剑英
责任编辑	卢小生
责任校对	闫 萃
责任印制	王 超
出　　版	中国社会科学出版社
社　　址	北京鼓楼西大街甲 158 号
邮　　编	100720
网　　址	http://www.csspw.cn
发 行 部	010-84083685
门 市 部	010-84029450
经　　销	新华书店及其他书店
印　　刷	北京明恒达印务有限公司
装　　订	廊坊市广阳区广增装订厂
版　　次	2017 年 5 月第 1 版
印　　次	2017 年 5 月第 1 次印刷
开　　本	710×1000　1/16
印　　张	13
插　　页	2
字　　数	194 千字
定　　价	56.00 元

凡购买中国社会科学出版社图书，如有质量问题请与本社营销中心联系调换
电话：010-84083683
版权所有　侵权必究

序

　　现代经济是信用经济，但我国经济领域却长期存在比较严重的失信现象，社会各个领域的信用缺失现象十分普遍，假冒伪劣产品充斥市场，合同违约、商业欺诈随处可见。三角债拖欠款和银行不良债权反复出现，各种经济犯罪时有发生。这些问题的存在与我国信用管理体系严重滞后和不协调发展的客观情况密切相关。失信现象严重影响了我国市场经济的秩序和交易安全，也成为阻碍我国经济发展的"瓶颈"。社会信用缺失是我国市场经济正常运行过程中遇到的重大难题，已经引起了党中央的重视，2006年3月，我国国民经济和社会发展"十一五"纲要提出"以完善信贷、纳税、合同履约、产品质量的信用记录为重点，加快建设社会信用体系，健全失信惩戒制度"。2014年，国务院颁发了《社会信用体系建设规划纲要（2014—2020年）》，将信用奖惩体系的建立提到了国家的战略层面上，信用缺失问题已经成为当前社会各个阶层普遍关注和关心的热点问题，建立健全社会信用体系已成为全社会的共识。但对作为社会信用体系关键环节的信用奖惩机制的问题尚未有深入和系统的研究，无论在理论上还是在实际操作上，都存在很多问题急需解决。本书综合运用和借鉴新制度经济学、信息经济学和博弈论的研究成果，在我国社会信用现实环境和理性经济人行为假设基础上，试图构建一个奖惩到信用主体责任人的奖惩机制体系和框架，为治理我国社会信用缺失现状、优化社会信用环境提供研究的基础和帮助。

　　本书首先对相关概念和文献进行了梳理，并从我国实际情况出发，概括分析了我国信用缺失的表现及特点，运用数理分析方法对我国社会信用缺失的危害进行了深入分析，并从多方面阐述了信用缺失的原因，运用经济学相关理论重点探索和分析了信用缺失的深层次原因。其次，运用理论分析方法和简单的数学方法对市场主体行为和奖惩机制的内在机理——内在的利益约束机理、不同约束条件下博弈行为以及奖惩机制的内在生成机理进行了深入分析，进而提出了构建奖惩机制的影响因素。再次，综合运用前述理论，从不同角度系统地提出了我国信用奖惩机制的总体框架和运行机理，阐述了我国构建奖惩机制的阶段性发展策略，并提出了具体配套措施和建议。最后，本书运用前述研究成果对辽宁省信用奖惩机制构建进行了实证研究。

本书是李锋教授在其承担的辽宁省发展和改革委员会的委托项目"社会主体信用奖惩联动机制"研究成果的基础上几经修改而成的，作者付出了很多的努力，该书的出版对辽宁省乃至全国的区域信用体系建设都具有现实意义和理论价值，我欣然为之作序，祝贺该书的出版。

北京科技大学教授
刘　澄
2016 年 12 月

前　言

　　中国正经历着一场普遍的信用危机。有学者指出，中国目前最稀缺的资源就是信用。个人、企业、社会组织和政府机构以及整个社会普遍存在失信行为。加入世界贸易组织，跨入信用社会，要求建立一套新的市场规则，在这套规则中，信用奖惩机制是重要的组成部分。从法律的角度看，失信行为往往介于道德失范和诈骗犯罪之间。大量的违约和其他失信现象是不能够通过刑侦和依靠司法审判形式解决的，即使是司法审判，也存在相当比例的执行难问题。信用奖惩机制所要对付的违约失信行为就属于这种类型的经济失信行为。

　　由于中国传统的信用是对君子品德而言，因此，没有专门制度对失信行为进行惩治。失信者所付代价远低于所得到的实际利益和好处，造假者"打一枪换一个地方"，没有信用污点记录可查。会计师、律师、审计师等中介机构出具假报告、假证据等仅承担有限责任，换一个单位接着行骗，导致欠债不还、造假现象司空见惯，对经济造成不可估量的损失。我国现行有关法律规定不完善，因此，法律制裁的范畴对一般失信者不发生作用，甚至对严重失信行为也未形成有效的司法配合进行惩处，致使许多失信者逍遥法外。对失信者惩处不力，实际上就是对信法者的一种侵犯要改变信用缺失的现状，必须从根本上形成对失信者的惩戒机制。

　　社会主义市场经济的持续、快速、健康发展需要一个良好的社会信用环境。市场经济从本质上来说是一种信用经济，构建良好的社会信用体系，是建立和完善社会主义市场经济，促进经济发展、构建和谐社会的必然要求。建立健全社会信用体系，形成守信激励与失信可耻的社会氛围，才能提高社会诚信水平，构建和谐社会。

信用奖惩机制的构建是社会信用体系建设的一个重要内容。任何国家的社会信用制度能够得以维系，都需要建立完善的信用奖惩机制。我国的社会主义市场经济发展还不够完善，建立健全遵纪守法、公平交易、诚实守信的社会信用环境需要一个过程，信用奖惩机制是惩戒经济犯罪和维护我国金融安全的需要。我国经济转轨过程中出现的大量经济失信现象，一个重要的原因是长期以来缺少奖惩机制。只有建立完善的信用奖惩机制，才能惩罚和打击在市场经济活动中失信行为。

信用奖惩机制是社会信用体系的最后屏障，既是社会信用体系建设的关键环节，也是一项重要的制度安排。需要从建设整个国家信用体系的高度，建立健全奖惩机制，规范市场经济秩序，培养信用氛围，保障我国的社会主义市场经济持续、快速、健康发展。

本书首先对相关概念的内涵进行了界定并对相关研究文献进行了梳理评述，并从我国实际情况出发，概括分析了我国信用缺失的表现及特点，对我国社会信用缺失的危害进行了深入分析，并从多方面阐述了信用缺失的原因，运用经济学相关理论重点探索和分析了信用缺失的深层次原因。其次，运用理论分析方法和简单的数学方法对市场主体行为和奖惩机制的内在机理——利益约束机理、不同约束条件下博弈行为以及奖惩机制的内在生成机理进行了深入分析，进而提出了构建奖惩机制的影响因素。再次，综合运用前述理论，提出了社会主体信用奖惩机制的总体框架和运行机理，阐述了我国构建信用奖惩机制的阶段性发展策略，并提出了具体配套措施和建议。最后，本书运用前述研究成果对辽宁省信用奖惩机制构建进行了实证研究。

目　录

第一章　导论 ··· 1

　　第一节　研究背景与意义 ································· 1
　　　　一　研究背景 ······································· 1
　　　　二　研究意义 ······································· 4
　　第二节　研究思路与研究方法 ····························· 6
　　　　一　研究思路与内容 ································· 6
　　　　二　研究方法 ······································· 9
　　　　三　本书的创新之处 ································ 10

第二章　国内外文献综述 ······································ 12

　　第一节　国内外信用问题的相关研究 ······················ 12
　　　　一　国外研究现状 ·································· 12
　　　　二　国内研究现状 ·································· 14
　　第二节　国内外信用奖惩机制的相关研究 ·················· 16
　　　　一　国外研究现状 ·································· 16
　　　　二　国内研究现状 ·································· 17
　　　　三　相关研究评述 ·································· 21

第三章　信用奖惩机制相关概念界定及基本理论 ················ 22

　　第一节　信用奖惩机制相关概念的界定 ···················· 22
　　　　一　信用与征信 ···································· 22
　　　　二　失信 ·· 26

三　信用奖惩机制 …………………………………………… 29
第二节　信用奖惩机制的功能 ………………………………………… 34
　　一　惩戒功能 ………………………………………………… 34
　　二　震慑功能 ………………………………………………… 37
　　三　激励功能 ………………………………………………… 37
第三节　信用奖惩机制的相关理论基础 ……………………………… 40
　　一　信息不对称理论 ………………………………………… 40
　　二　博弈论 …………………………………………………… 47
　　三　机制设计理论 …………………………………………… 49
　　四　新制度主义理论 ………………………………………… 52
　　五　不完全契约理论 ………………………………………… 55

第四章　信用奖惩机制构建的国际经验及启示 ……………………… 59
第一节　发达征信国家信用奖惩机制的状况 ………………………… 59
　　一　美国信用奖惩机制的有关规定 ………………………… 60
　　二　欧洲国家信用奖惩机制的相关规定 …………………… 62
第二节　发达征信国家信用奖惩机制方面的经验 …………………… 65
　　一　完善的信用法律、法规体系 …………………………… 65
　　二　发达的信用服务市场 …………………………………… 66
　　三　健全的信用监管机制 …………………………………… 67
　　四　市场对信用商品需求的引导 …………………………… 70
　　五　各国信用奖惩机制的特点与共性 ……………………… 70
第三节　发达征信国家经验教训对我国的启示 ……………………… 72
　　一　美国信用奖惩机制存在的问题与根源 ………………… 72
　　二　欧洲国家信用奖惩机制存在的问题与根源 …………… 73
　　三　发达征信国家经验教训对我国的启示 ………………… 74

第五章　中国社会信用状况 …………………………………………… 78
第一节　中国社会信用缺失的现状及特点 …………………………… 78
　　一　中国社会信用状况的总体评价 ………………………… 78

二　中国社会信用缺失的现状 …………………………… 80
　　三　中国社会信用缺失的特点 …………………………… 86
第二节　中国社会信用缺失的危害 …………………………… 87
　　一　信用缺失行为产生危害的理论基础 ………………… 87
　　二　信用缺失的危害 ……………………………………… 92
第三节　中国社会信用缺失的原因分析 ……………………… 94
　　一　信用法律体系不完备 ………………………………… 94
　　二　政府行为不规范 ……………………………………… 95
　　三　信用制度不健全 ……………………………………… 95
　　四　市场经济体系不完善 ………………………………… 96
　　五　信用意识与道德规范的缺乏 ………………………… 96
　　六　信用数据市场开放度低 ……………………………… 96
第四节　构建信用奖惩机制的现实需求 ……………………… 97
　　一　传统诚信道德的现代转型的需求 …………………… 97
　　二　诚信的日常化规范管理的需求 ……………………… 98
　　三　诚信制度体系的完善的需求 ………………………… 99

第六章　信用奖惩机制运行的内在机理研究 …………………… 100

第一节　市场主体信用选择的内在利益约束机理 …………… 100
　　一　基于成本—收益的市场主体内在利益约束机理
　　　　分析 …………………………………………………… 101
　　二　市场主体行为选择的博弈分析 ……………………… 103
第二节　信用奖惩机制的内在生成机理 ……………………… 107
　　一　现代社会信用奖惩机制与社会信用体系 …………… 107
　　二　信用奖惩机制运行的内在机理 ……………………… 108
第三节　信用奖惩机制构建的影响因素 ……………………… 111
　　一　市场主体交易的长期性是信用奖惩机制作用的
　　　　基础 …………………………………………………… 111
　　二　市场交易空间的扩展性是构建信用奖惩机制的
　　　　缘由 …………………………………………………… 113

三　市场参与者的失信成本扩大化是信用奖惩机制
作用的目的 …………………………………………… 114
四　市场参与者守信的激励是信用奖惩机制作用的
目标 …………………………………………………… 115

第七章　信用奖惩机制的总体框架设计与运行机理 ……………… 117

第一节　信用奖惩机制设计思路与原理 ………………………… 118
一　信用奖惩机制设计思路 ………………………………… 118
二　信用奖惩机制设计原理 ………………………………… 120
第二节　信用奖惩机制的基本框架的构建 ……………………… 124
一　信用奖惩机制基本框架的设计 ………………………… 124
二　信用奖惩机制的约束条件 ……………………………… 128
第三节　信用奖惩机制的主要内容及其运行机理 ……………… 130
一　市场奖惩机制及运行机理 ……………………………… 131
二　行政奖惩机制及运行机理 ……………………………… 138
三　行业奖惩机制及运行机理 ……………………………… 143
四　司法奖惩机制及运行机理 ……………………………… 146
五　社会奖惩机制及运行机理 ……………………………… 147
第四节　构建社会主体信用奖惩机制的策略与建议 …………… 149
一　构建社会主体信用奖惩机制的递进式发展
策略 …………………………………………………… 149
二　构建社会主体信用奖惩机制的对策性建议 ………… 153

第八章　辽宁省社会主体信用奖惩机制研究 …………………… 163

第一节　辽宁省信用体系建设现状 ……………………………… 163
一　辽宁省信用体系建设状况 ……………………………… 163
二　辽宁省社会主体信用的综合评价 ……………………… 166
第二节　辽宁省社会信用存在的问题 …………………………… 166
一　企业信用缺失还时有发生 ……………………………… 167
二　个人信用基础还比较薄弱 ……………………………… 167

三　政府信用缺失还在一定范围和期限内长期存在 …… 168
　　四　行业中介组织等社会中间体信用缺失还很严重 …… 168
　第三节　辽宁省信用体系建设与构建信用奖惩机制的
　　　　　对策 ………………………………………… 168
　　一　总体思路 ……………………………………… 168
　　二　运行机理与实现路径 ………………………… 169
　　三　辽宁省社会主体信用奖惩机制的实施步骤
　　　　与措施 ………………………………………… 173

结束语 ……………………………………………… 179

参考文献 …………………………………………… 182

后　记 ……………………………………………… 194

第一章 导论

第一节 研究背景与意义

一 研究背景

信用不仅是市场经济的基础，也是随着市场的发展而产生的。在原始社会时期的物物交换，信用不必存在，但其交易也受到了限制。作为一般等价物货币的出现，使市场交易的规模大大增加，但是，随着市场的不断发展，"一手交钱、一手交货"的交易形式也不能满足市场交换的需要，于是市场逐渐出现了货物和服务的赊销情况，即基于卖主对买主的信任，同意买主在未来约定的时间再进行付款，即授信人给予受信人的未来付款承诺以信任，这样，便出现了最早的信用关系，物流和货币在同一时点发生的交易方式被信用交易方式所取代。此后，信用关系不断发展超出了商品买卖的范围，出现了纸币（信用货币），并且货币本身也加入了信用交易过程，出现了融资借贷活动，产生了以信用关系为基础的现代金融业。信用交易的产生大大降低了市场交易成本，扩大了市场规模。市场经济就是一种建立在信用关系之上的经济，即信用经济。信用交易是信用经济的主要表现形式。

社会主义市场经济的持续、快速、健康发展需要一个良好的社会信用环境。但是，我国经济转轨过程中出现的大量经济失信现象，造成信用市场中普遍存在信用风险和违约行为，大大增加了信用主体的交易成本，导致市场经济秩序的混乱，从而制约了中国经济的健康、稳定发展，并有愈演愈烈的趋势。

政府的信用缺失时有发生。在政策方面，行政决策随意性大，政策朝令夕改，无法得到合理的预期；某些地方政府在政策执行的过程中存在滥用权力、行政政策执行不规范。在意识方面，某些政府部门把追求个人利益和部门利益的最大化作为行政宗旨，并将其渗透在政府执政过程中，导致行政理念淡漠，服务意识缺乏，在此过程中，特别是一些地方政府受此影响，对待国家法律和政策"阳奉阴违"，极大地损害了政府的信用度，并滋生了一系列腐败现象，使一些地方政府陷入极大的信用危机之中。某些地方政府官员为了自身的政绩和升迁的需要，想方设法地利用手中的权力大搞劳民伤财的形象工程和政绩工程，造成极大的社会资源的浪费，有的甚至为此还不惜欺上瞒下、弄虚作假，长此以往导致地方政府形成了扭曲的政绩观。此外，一些政府官员的服务意识极度缺乏，总是以一副高高在上的姿态面对人民群众的需要，即便是其分内工作，也是互相推诿扯皮、敷衍塞责，无视政府的公共性宗旨。在行为方面，某些地方政府行政效率低下，地方保护主义问题突出。某些政府部门行政不作为现象严重。一些地方政府根据自身利益作为能否有效作为的标准，积极插手，甚至越位管理对自身有利的事务，而对食品药品监管、虚假广告、传销等本应由政府提供公共监管的事务却服务不到位，甚至存在严重缺位的现象，没有把群众的利益放在首位。

企业的信用缺失普遍存在。在商业信用方面，商业信用的缺失将导致企业间的合同违约，企业间的债务违约。我国企业之间的相互债务拖欠呈现出债权债务关系相互交织、产业关联度高、数额庞大、追索难度大等特点。一些不良企业采取一系列的办法恶意欠款，使企业间彼此失去了信任。为了防止被恶意拖欠，许多企业在商业交往中不得不从多个方面谨慎考量自己的交易对象，并采用担保交易或现金交易，这在一定程度上降低了双方企业的办事效率，增加了双方企业的交易成本，进而减缓了整个社会经济发展的速度。

在资金信用方面，银行的不良贷款率在大量企业拖欠银行贷款的情况下不断攀升，很难在近期内得到有效的缓解。企业之间债务债权关系复杂引致企业对银行的贷款也难以偿还。随着技术的不断发展，一些企业偷逃税款的形式和手段也不断更新，给国家造成了大量税款大量流失。

在商品信用方面，产品以次充好，以假充真，以旧充新，缺斤少两；一些企业假冒注册商标和专利，假冒认证标志、名优标志、防伪标志等；还有一些企业没能严格执行生产标准，生产了大量不合格的药品、食品、室内装修和医疗器械等产品，严重危害了公众的生命和财产安全；还有一些企业商品和服务存在价格欺诈和虚假折扣等现象。主要体现在物业管理、节假日旅游价格、农村电网改造、电信服务和自来水等垄断行业的价格方面。在信息信用方面，信息披露不真实，信息披露不完整，信息披露主动性不强。

消费者的信用缺失依然存在。各种假文凭、假学历证件泛滥、音像制品盗版猖獗；各种"老赖"的大量出现，恶意欠费现象日趋严重；随着智能手机等电子产品的普及，电信部门在利用手机恶意欠费方面损失惨重。一些年轻的"月光族"甚至通过刷信用卡过"负翁"生活，逾期拖欠透支款。此外，大学生恶意拖欠助学贷款，富人恶意偷税逃税现象严重也是个人信用缺失在欠费方面的一个显著表现；"杀熟"现象日趋严重，"杀熟"现象的日益严重，标志着我国社会主体之间信任程度的急剧下降，是非常不利于建设和谐社会的。

综上所述，信用既是规范市场秩序和市场经济有效运作的根本保障，又是经济活动主体之间成功建立合作伙伴关系的基石。如果失信者的行为没能得到及时、严厉的处罚，"劣币驱逐良币"效应就会使守信者会对自己的行为做出调整，整个社会就会出现普遍的信用缺失现象。因此，信用缺失不仅是我国发展社会主义市场经济的最大体制障碍，也是制约未来我国经济融入世界的主要制约因素。

经济领域的信用缺失问题向社会各领域扩散，危及全社会的公平公正、伦理道德与稳定和谐。信用缺失不仅严重扰乱了我国正常的市场经济秩序，而且极大地扭曲了人与人之间的正常社会关系，人们对坑蒙拐骗、制假售假等信用缺失问题习以为常，有的甚至与之为伍，长此以往，将动摇我国经济社会发展之根本，不利于我国社会经济发展和社会稳定。

信用是市场经济的前提与基础，市场经济的重要特征是通过市场机制来实现资源的优化配置，而市场机制又是建立在信用基础之上的等价交换，随着交易关系的复杂化，日益扩展的市场关系逐步演变为相互联系、相互制约的信用关系，这种信用关系随着市场的发展而发展，成为维系市场秩序的内在纽带。没有信用，就没有交换与市场；没有信用，就没有经济活动的存在和扩张；没有信用，就没有人类赖以生存与发展的市场秩序。因此，构建信用奖惩机制、建立良好社会信用关系是促进我国市场经济健康持续发展的推动器。

信用缺失是我国在市场经济运行过程遇到的更大难题，已经引起了高度的重视。在此背景下，各地方政府也相继开展信用试点工作。社会学、法学、经济学等学者分别从不同角度对信用问题进行了研究和探讨，信用问题已经受到广泛关注，但对作为社会信用体系关键环节的信用奖惩制度尚未有深入和系统的研究，无论在理论上还是在实际操作上，都还存在很多问题亟须解决。因此，从经济学角度对失信问题进行系统研究，探讨信用缺失的深层次原因，建立和健全信用奖惩制度既是我国市场经济发展的现实需要，也是经济学研究不能回避的重大课题。

2015年，笔者受辽宁省发改委的委托，主持了"社会主体信用奖惩联动机制研究"课题的研究工作，随着课题的深入，笔者也更加认识到信用缺失的重大危害和构建信用奖惩机制的必要性和紧迫性。稳定可靠的社会信用体系和合理有效的奖惩机制是市场经济健康运行的核心保证，成熟完善的市场经济也是建立健全现代社会信用体系与构建奖惩机制的必要根基，面对当前社会经济活中大量的信用问题，如何以理论为指导，建立和健全奖惩制度，为健全社会信用体系和地方政府开展信用奖惩机制构建的试点工作、探索奖惩机制的建设模式提出具有可操作性的对策和建议，具有重大的理论意义和现实意义。

二 研究意义

信用奖惩机制既是社会信用体系建设的关键环节，也是一项重要的制度安排。需要从建设整个国家信用体系的高度，建立健全信用奖惩机制，规范市场经济秩序，培养信用氛围，保障我国的社会主义市场经济持续、快速、健康发展。

在市场经济发展初期，维系我国经济发展的传统信用规则和潜规则曾经有效地降低了交易成本，提高了区域经济的发展能力。但是，随着经济快速发展和社会急剧转型，传统信用关系受到了严峻的挑战和考验。因此，对我国信用的现状进行深入的考察；对建立和完善信用奖惩机制的必要性和紧迫性进行探讨；对信用奖惩机制构建的理论基础进行经济学分析；对信用奖惩机制的基本框架的构建以及完善我国信用奖惩机制的对策措施进行深入、全面的研究，具有重要的理论意义和现实价值。

（一）理论意义

我国信用缺失问题已经引起了经济学、社会学等学术界的广泛重视，一些学者从不同角度研究阐述了信用缺失的现状、原因和如何建立健全我国社会信用体系等有关问题。有关部门和一些地方政府也开始着手对社会信用体系建设进行总体规划和试点。西方发达征信国家，社会信用体系发育较早，也较为完善和健全，信用奖惩是由政府管理部门依据有关的法律法规，对失信行为进行惩戒或激励。同时，民间机构主要是指信用服务企业，通过提供有偿的信用服务，将信用信息传递给信息需求者，通过需求者自身的决策行为，来实现对信用主体的惩戒与奖励。前者侧重于行政强制性惩戒，后者侧重于运用市场机制来发挥经济惩戒的作用，两者互为补充。

信用奖惩机制既是现代社会信用体系的重要环节，也是社会信用体系有效运转的执行机制和保障机制。如果没有合理有效的奖惩机制，没有具体奖惩到信用行为人的制度安排，整个社会信用体系就如空中楼阁。信用奖惩机制的建立，是减少失信现象的必要条件。但从信用奖惩机制研究现状看，还是有所欠缺的。在研究内容上，从宏观层面对社会信用体系论述的较多，而从实际可操作性层面研究的较少；对失信行为现象揭露批判的较多，而结合我国的具体情况和制度背景，进行理论分析的则较少，尤其是对作为社会信用体系关键环节的信用奖惩机制和运行机理的研究尚不多见。因此，本书在探索机制总体框架和运行机理基础上，提出构建信用奖惩机制的策略与建议，为我国市场经济秩序的规范以及社会信用体系的完善提供重要的理论依据。

（二）现实意义

信用缺失已经严重阻碍改革的深入，给市场秩序的建立和经济发展带来困扰和障碍，已经成为一个备受社会关注的热点问题。社会信用缺失普遍存在的现状，其根本原因，就是失信者得不到严惩，失信付出的成本很小而获利巨大，守信者得不到褒奖。其根源就是我国目前信用奖惩机制的缺失，因此，在社会主义市场经济建设过程中，在信息不对称的条件下，通过构建信用奖惩制度，来解决上述矛盾和冲突的对策、方法，是实践提出来的、迫切需要解决的重大问题。良好的社会信用体系的建设和信用奖惩机制的构建将从从根本上扭转市场秩序的混乱现象，使守信者得到褒奖，失信者付出沉重的代价，形成"一处失信，处处受阻；事事守信，路路畅通"的社会氛围。

信用是现代市场经济运行的基础，是企业生存和社会发展的前提与根本，社会主体信用体系的建设和信用奖惩机制的构建是现代市场经济中的重要制度安排，加快社会主体信用奖惩联动机制建设，是完善我国社会主义市场经济体制的客观需要，是整顿和规范市场经济秩序的治本之策，具有广阔的应用前景。

第二节　研究思路与研究方法

一　研究思路与内容

本书遵照"提出问题、分析问题和解决问题"的基本思路，按照相关概念的界定、理论依据的介绍、现实社会经济环境分析、给出制度安排和策略与建议的经济学分析范式，将社会主体信用奖惩联动机制研究的主要内容分为：相关概念界定及理论基础，社会信用环境现状分析，市场主体行为与信用奖惩机制内在机理、总体框架机制设计以及理论和框架的应用等（见图1-1）。

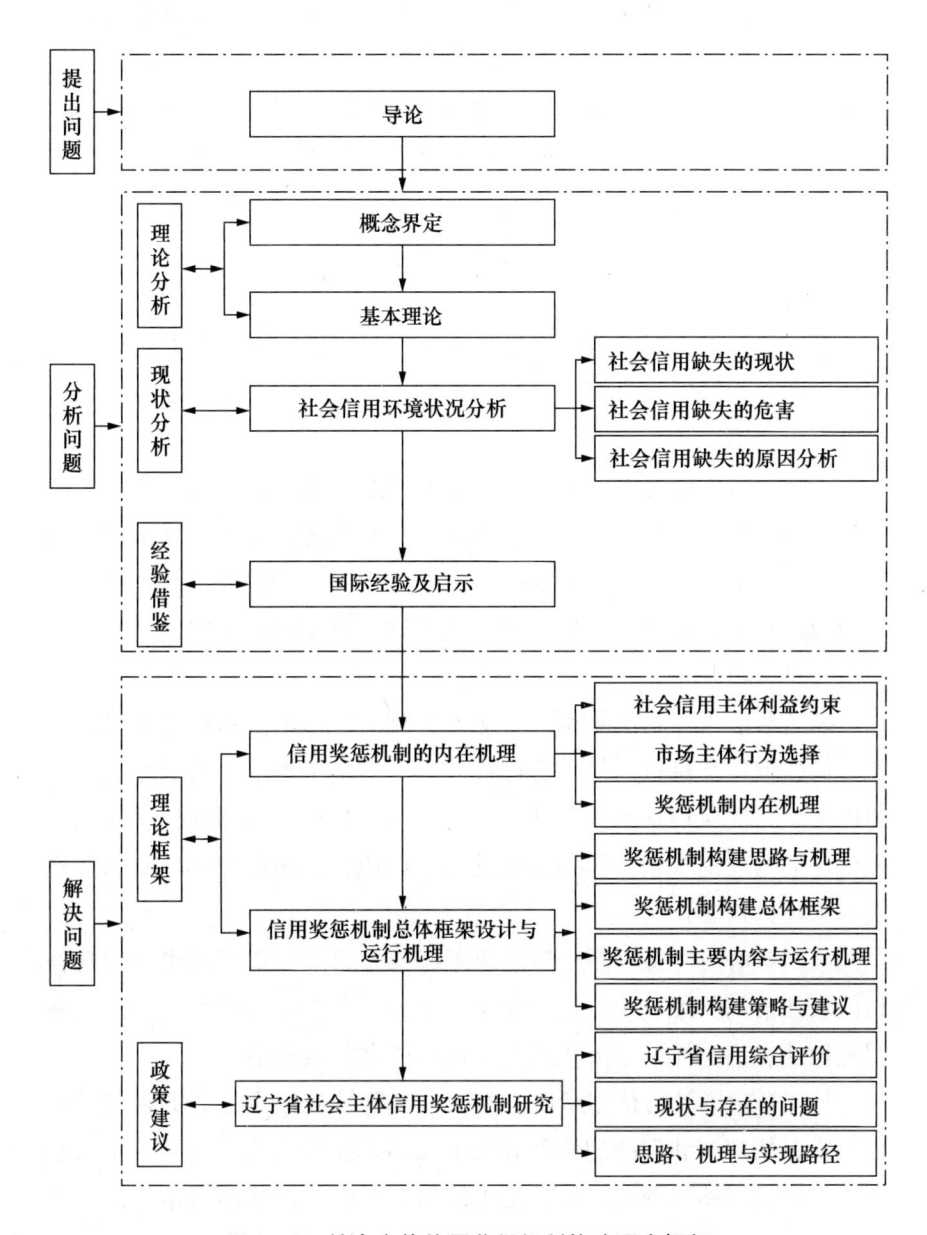

图1-1 社会主体信用奖惩机制构建研究框架

本书在相关概念界定、文献综述、理论介绍及发达征信国家的信用体系与奖惩机制的做法与经验的基础上，从我国社会主体信用缺失现状入手，深入分析了信用缺失的危害和原因，在对市场主体行为进行假定的基础上，研究探讨了信用奖惩机制的内在机理和影响因素，进而提出构建信用奖惩机制的总体框架和运行机理，并以辽宁省信用奖惩机制构建为案例将总体框架进行综合运用，以期为我国构建区域性社会主体信用奖惩机制提供借鉴与指导。

全书共包括八章内容：

第一章导论。本章从研究背景入手，阐述了本书研究的理论意义与现实意义，同时，介绍了本书的研究方法，并对全书的研究内容进行了简单介绍。

第二章国内外文献综述。本章首先对国内外对信用问题的相关研究，从经济学和社会学两个角度进行了文献梳理与评述；其次对国内外关于信用奖惩机制的相关研究从概念的内涵、功能及构建、分析工具的使用和奖惩机制博弈原理的相关研究进行综述，为构建信用奖惩机制提供理论基础。

第三章信用奖惩机制相关概念界定及基本理论。本章首先对信用与失信、信用奖惩机制等概念进行界定，确定了本书研究的相关概念的内涵。其次对信息不对称理论、机制设计理论、博弈理论、新制度理论、契约理论等相关基础理论进行了评述，为信用奖惩机制的构建奠定了理论基础。

第四章信用奖惩机制构建的国际经验及启示。本章对国外发达征信国家在信用奖惩机制方面的相关做法进行了介绍与评价，为建立我国现代社会信用体系中的信用奖惩机制提供实践基础。

第五章中国社会信用状况。本章从我国社会信用缺失的现状及特点入手，从理论和实践的角度分析了我国现阶段政府、企业、个人和中介机构信用缺失现状，以及信用缺失对社会经济生活所造成巨大危害。着重对现阶段我国信用缺失的深层次动因进行了深入的探讨，得出信用奖惩机制的构建是我国经济社会发展的迫切需求。

第六章社会主体信用奖惩机制运行的内在机理研究。本章从理论上阐述市场主体行为的利益约束机制，借助博弈论及相关模型分析了信用奖惩机制的内在发生机理及运行机制，阐述了奖惩机制维持影响因素。

第七章信用奖惩机制的总体框架设计与运行机理。本章重点阐述现代社会信用体系中信用奖惩机制设计的思路与原理，在此基础上提出奖惩机制的总体框架设计，深入阐述了奖惩机制的主要内容和运行机理，并在此基础上，阐述构建信用奖惩机制的策略与对策建议。

第八章辽宁省社会主体信用奖惩机制研究。本章首先对辽宁省信用现状进行了综合评价；其次对辽宁省社会信用现状及存在的问题进行了深入的分析；最后在前述基础上提出了构建辽宁省社会主体信用奖惩机制的思路、策略与建议。

二 研究方法

（一）历史分析与逻辑分析相结合

历史分析方法和逻辑分析方法是指在研究经济社会现象时，既要按照事物的历史发展过程进行研究，也要采用逻辑分析推理经济社会现象发展进程。

本书从我国社会信用缺失现状和特点入手，深入分析和探索信用缺失的危害和深层次原因，引申出建立现代社会体系下信用奖惩机制的重要性和必要性。在分析失信、失信原因及失信惩戒机制概念及相关关系时，试图从商品经济和市场经济产生和发展的历史演进过程寻找内在逻辑演变关系，既反映了奖惩机制适应交换交易、合约和制度的发展进程，又反映了交易关系从双边向多边，多边向全社会，从简单到复杂交换的演进过程。

（二）理论分析与实证分析相结合

本书首先对社会、市场参与者的守信与失信的条件进行了理论分析研究，其次对构建的奖惩机制的运行机理进行了系统的深入分析，形成信用奖惩机制的理论框架，理论分析是政策制定和制度安排设计的基础。本书把辽宁省实际调研作为实证研究，在论述构建信用奖惩机制框架时主要采取了实证分析方法。实证分析的显著特点在于对有关命题的逻辑推导，并不涉及对社会经济活动的价值判断，只研究经济活动中各种经济现象之间的客观联系。

（三）对比分析与经验借鉴相结合

对比分析了美国、欧盟各国的信用体系及失信惩罚与守信激励的做法，总结出规律、经验与教训。在此基础上，借鉴发达征信国家的先进经验，提出对我国信用体系建设和奖惩机制构建启示，结合我国社会信用现状，提出了我国信用奖惩机制构建的策略与政策建议。

（四）博弈论分析与制度分析相结合

本书借助博弈论分析方法，探讨了构建信用奖惩机制的必要性，并通过对"匿名"社会中市场主体行为的预测约束得出信用奖惩机制合理的制度安排。本书在信用奖惩机制的生成机理研究中，运用博弈论和制度分析方法。制度分析方法并非西方主流经济学分析方法，但随着新制度经济学的兴起，制度分析方法和制度的重要性及解释力逐渐受到经济学家的重视，尤其对于经济转轨国家，制度经济学更是成为分析经济社会现象的普遍工具。我国也是经济社会转型国家，信用奖惩制度的构建和完善是一个新鲜事物，社会信用体系及相关制度环境建设的任务还很艰巨，制度分析方法能为我国信用奖惩机制框架体系的构建提供便利。

三 本书的创新之处

本书的创新之处主要有以下几个方面：

（一）研究视角创新

本书以制度经济学、博弈论等相关理论为研究的理论支撑，以制度为研究视角，从市场自发约束机制、正式制度约束机制和非正式制度约束机制三个层面构建信用奖惩机制，从而使这一机制更具有全面性和多元性。

（二）研究逻辑创新

本书构建了"奖惩机制设计思路与原理—奖惩机制基本框架—奖惩机制运行机理—奖惩机制主要内容—奖惩机制阶段性发展策略"的逻辑框架，遵循由理论到实践、由抽象到具体的逻辑规律，使研究结论更具有严谨性和科学性。

（三）研究观点创新

本书在充分借鉴现有研究成果的基础上，梳理了国内各地的守信激励、失信惩戒的手段和措施提出了"奖惩机制的阶段性发展策略"，实施"点—面—网"层级递进、有序展开，从而使得提出的对策性建议更具有可操作性和现实指导性。

（四）实用观点创新

本书运用上述分析的结论，结合辽宁省信用体系的现状，在对辽宁省社会信用现状进行了综合评估的基础上，提出了构建信用奖惩机制的具体方案，对我国区域性信用奖惩机制的建设具有一定的理论与现实意义。

第二章 国内外文献综述

关于信用及信用奖惩机制的研究，国内外理论界主要集中在对信用的相关概念和理论研究；对社会信用体系建立和运行过程中存在的难点及问题的研究；对社会信用现状、信用缺失严重等突出问题研究等几方面。

第一节 国内外信用问题的相关研究

一 国外研究现状

(一) 从经济学角度对信用问题的研究

在经济学领域，早在亚当·斯密时代就开始关注信用问题，古典经济学家的研究主要关注信用的经济功能研究，即狭义的信用范畴；经济学家对广义信用问题的研究始于近代，随着新制度经济学、信息经济学的发展信用问题的研究开始受到广泛关注，研究认为，信用在信息不对称经济活动中起着至关重要的作用，它是一种不完全契约、自我约束协议、可信承诺及隐性合约。

国外对信用问题的研究集中在以下三个领域：

(1) 很多学科都从不同角度研究了信用相关概念、特点和分类问题。

(2) 一些学者提出，信用可以降低交易的不确定性，减少交易费用和降低交易成本，优化经济行为，创造社会资本，促进合作。

(3) 一些学者从宏观、中观和微观角度分析了建立社会信用体系的问题，也有从文化、道德等非正式制度和法律、制度、体系建设等正式制度安排提出框架设计和对策建议。

在西方经济学信用奖惩机制构建研究文献中，关于信用制度的专门研究较少，尽管西方各发达国家都建立了较为完善的信用制度和信用管理体系，这是因为西方的信用制度一般都是随着市场经济的发展逐渐内生出来的，缺乏一种外部强制推动的机制。因此，西方经济学家对信用的研究多集中于信用的功能，主要有三种代表性的理论：

（1）信用媒介论。认为信用不创造资本，只转移资本，银行通过信用方式以纸币代替金属货币流通，起着媒介工具的作用。主要代表人物有亚当·斯密、大卫·李嘉图、约翰·穆勒等。

（2）信用创造论。认为信用创造资本，信用就是货币，信用既然被用作流通手段和支付手段，那么信用就是财富，通过信用的扩张就可以繁荣商业、活跃经济、创造财富。主要代表人物有约翰·劳、亨利·桑顿、麦克鲁德、熊彼特等。

（3）信用调节论。认为货币信用政策可以治理经济危机及资本主义经济的各种矛盾和冲突，主张通过扩张信用来促进经济增长。其主要代表人物有凯恩斯、阿尔文、萨缪尔森等。

20世纪80年代以来，随着新制度经济学的兴起，非对称信息、交易费用和交易不确定性等概念的引入，信用问题开始受到西方经济学家们的重视。但学者们对信用的理解并不一致，争论的焦点在于信用是否与经济交易中理性算计相关。争论的一方认为，根据经济学中人是"自利"和"理性"的这一假设，市场主体具有机会主义倾向，在缺乏有效约束条件下，理性经济人总会在利益驱动下采取机会主义行为。另一方则认为，纯粹经济学上的狭义的成本收益理性计算并不能完全解释信用，人类行为都依托一定的伦理道德背景，人类具有诚实守信的道德品质，离开伦理道德仅仅强调"经济理性"会削弱经济学的解释力。

随着新制度经济学的兴起、研究范式的转换，学者们逐渐认识到了信用对维护市场交易秩序和促进经济社会发展的意义重大。如认为，信用是交易所必须具备的公共品质，交易就是凭承诺进行，并且承诺需要必定履行的保证，否则凭承诺进行的贸易就会无效。

再如阿罗认为，信用是一个社会经济构建和运行的润滑剂，是人类交易行为的基本要素，信用的缺失可以用来解释世界上很多地方经济落后现象。信用是促进经济增长和繁荣的重要源泉和根本保障，离开了人与人之间的基本信用，整个社会的交易成本就会大大增加，从而导致交易大大减少，进而导致全社会经济的衰落。

同一时期，随着信息经济学的兴起，很多学者开始运用博弈论分析方法来研究探讨信用问题，其相关研究主要有无名氏定理、声誉机制的形成、合作机制的演进等，如列维奇和邦克提出了一个信用合作形成与演进的三阶段博弈模型。克瑞普斯通过构建一个重复博弈模型，得出重复交易会使市场主体为追求长期利益而信守承诺的结论。

（二）从社会学角度对信用问题的研究

社会学界对信用问题的研究最早可以追溯到德国社会学家齐美尔在其《货币哲学》一书中说，信任是"社会中最重要的综合力量之一"。之后，韦伯将信任分为一般信任和特殊信任。一般信任以血缘为基础，建立在血缘、家族或准家族关系上，特殊信任以信仰共同体为基础。彼德·布劳则把信任描述为稳定社会关系的基本因素；卢曼在其《信任与权力》一书中从一种新功能主义的理论角度界定信用，指出，信任本质上是一种复杂社会的简化机制，它与社会结构和制度变迁有着明确的互动关系，信任本身就是嵌入社会结构和制度之中的一种功能化的社会机制，当社会发生变迁时，信任的内涵和功能也会相应地发生改变。

很多社会学家都使用"社会资本"来描述人际信用对经济组织运行效率的影响。比如，科尔曼认为，信任本身就是一种社会资本，信用可以减少监督与惩罚成本。福山则从国际比较的角度考察了不同国家社会信用度，以及信用对于各国经济生活、各个社会组织和运行效率的影响，得出信用有利于促进经济发展和社会组织效率的提高。

二　国内研究现状

（一）从产权制度与政府监管角度对信用问题的研究

随着我国经济体制的变革，信用和信用缺失问题逐渐显现，并随着失信问题扩散而扩展，而逐渐成为研究的热点问题，并出现一批理论研究成果。如张维迎从非对称信息角度出发探讨了信用与企业三角债、信用与银行借贷行为、股票市场信用以及法律的信誉基础等问题，他把国外先进的信用理论引入中国，并从信息经济学角度深入分析了企业信誉与产权制度和政府管制的关系，提出了建立明晰的产权制度和政府合理监管是构建社会信用的必要条件，完善的法律制度和道德文化的重构是社会信用体系的重要组成部分。

程民选深入剖析了社会信用与产权的关系，更加系统全面地探讨了社会信用的理论基础，提出了信用是一种重要的社会资本。郑也夫在研究和借鉴西方研究成果的基础上，深入阐述了信任的来源、结构、作用及变迁。

（二）关于信用制度、社会信用体系和信用管理的历史演变、框架设想的研究

吴大云对我国社会信用体系进行探讨和论述；任兴洲从信用管理演变和未来设想等方面作了较为系统的论述。郭红对信用制度在我国金融市场发展中的基础地位方面进行了研究，指出，目前我国社会信用体系缺乏有效的法律制度保证、缺乏道德规范约束、政府对金融监管过度以及财产权责不明晰等一些主要问题，严重阻碍了我国金融市场的发展；郑美琴阐述了市场经济应具有伦理性，提出，信用约束和规范是市场经济的契约性，同时市场经济的契约性又为信用合作的达成提供了保证。

（三）信用缺失问题的相关研究

失信问题在20世纪80年代开始受到经济社会领域的关注，到90年代相关文献开始增多，其研究内容主要集中在失信的广泛性、失信的危害和失信的治理方面。大量文献围绕前两个问题进行研究，对失信进行陈述性和数据性说明，而对失信的防范研究相对较少。在我国社会信用缺失极为严重和广泛的情况下，研究的重点集中在对失信行为的罗列和危害分析上。总体来说，国内对失信问题的研究集中在意义上的、表象上的失信状况的描述，而缺少深入的理论分析。

企业是市场经济的主体，我国企业信用缺失问题现状使学者开始运用现代经济学工具直接研究企业信用问题。张理智分析了企业假冒

伪劣产品问题，提出信用对维护市场经济秩序尤为重要。卢阳春建立一个简单的维护信用的成本收益模型，从经济学角度分析了我国当前企业信用状况及其成因，并把我国目前信用状况与发达市场经济国家的信用状况进行了深入的比较分析，提出了一些非常好的建议。陈文玲研究并提出了现代社会信用理论的新的概括。在对世界特别是美国现代社会信用体系考察研究的基础上，做出了现代信用理论的新概括，并提出，构建中国现代社会信用体系的思路和建议，对推进我国从传统信用转向现代信用起到了积极的引导和推动作用。

第二节　国内外信用奖惩机制的相关研究

一　国外研究现状

国外关于征信体系中信用奖惩机制问题的研究与国外征信体系的成熟度相联系。由于国外社会信用体系相对发达，其奖惩机制是随着信用管理体系的发展逐步自发形成的，因此，单独就奖惩机制研究的相对较少。

世界银行首席经济学家米勒（Miller，2002）通过西方征信国家的问卷调查构建了数据库，通过数理统计的方式总结了西方征信国家征信体系的发展规律；在失信惩戒机制构建的理论基础方面，有多位学者从信息经济学的角度研究征信体系中失信惩戒机制理论基础。

如克莱因（Klein，1992）的模型检验了与正规信息交换相关的问题，认为信息交换机制的规模越大，借款人的违约成本越高；意大利学者图里奥·贾佩里和马可·帕加诺（Tullio Jappelli and Marco Pagano，2002）认为，信息共享可以减弱信息不对称导致的逆向选择和道德风险，因此可以提高借贷总额，降低名义利率，而且无论信息共享机制是民营模式还是公共模式，都可以提高银行贷款额和降低信用风险。两者都说明了失信惩戒机制中信用信息的征集与公布的重要性，因此，强调在完善失信惩戒机制上，信用数据库的建立是重要环节。

在征信体系中,对于失信惩戒机制的作用研究方面,有学者认为,完善的惩戒制度可以促进银行信贷发展。如图里奥·贾佩里和马可·帕加诺(1993)通过世界范围内数据检验得出,失信惩戒构建良好的国家的银行信贷额占 GDP 的比重要大,贷款量的增加将扩大经济发展的乘数效应;帕迪拉和帕加诺(Padilla and Pagano,1997)认为,失信惩戒机制中的信息共享可以促进贷款市场的竞争,降低放贷机构未来的信息寻租能力。

在征信体系两种模式即公共模式和民营模式上,失信惩戒的作用不同。如图里奥·贾佩里和马可·帕加诺(2002)认为,在债权人利益没有得到有效保护而其他制度安排又没有内生出来的地区,为了发挥失信惩戒的作用,公共征信体系模式的发展就有可能。

二 国内研究现状

国内关于奖惩机制的研究始于林钧跃(2002)《社会信用体系原理》中的相关阐述,之后,开始有学者单独对奖惩机制进行研究,从我国信用缺失现状、博弈论信息经济学等出发,提出构建奖惩机制的必要性和重要意义。突出奖惩机制对信用和市场的影响作用,但对奖惩机制框架构建的研究甚少,除一些介绍性、概念性的文献外,较深入地分析及总体框架构建和运行模式方面的研究缺乏。

(一)信用奖惩机制概念的相关研究

林钧跃在《社会信用体系原理》中认为,信用奖惩机制可以定义为:以征信数据库为纽带的市场联防,是社会信用体系中最重要的"部件"之一,通过综合运用经济和道德谴责手段,惩罚市场经济活动中的失信者,将有严重经济失信行为的企业和个人从市场主流中剔出去,而对守信者要给予激励与实惠。阎远岩(2004)认为,信用奖惩机制是以征信数据库为纽带,通过建立起一种社会联防,降低信息不对称程度来对潜在失信者进行防范,对失信者进行惩罚的一种市场机制。崔彩周(2005)提出了企业信用奖惩机制概念,她认为,企业信用奖惩机制是以市场手段对企业失信行为进行惩罚并对守信行为给予奖励的市场机制。郑兴祥(2006)认为,信用奖惩机制是通过健全社会信用体系,将失信行为置于社会全方位的监控之下,对其失信行为进行准确记载并通过社会公示、金融机构联合制裁、经济罚款以及刑罚等方式予以惩罚，把失信者对相对方的失信转化为对全社会的失信，使失信者一处失信，处处受制约。周素萍（2007）认为，信用奖惩机制是由所有授信单位共同参与的，以企业和个人征信数据库记录为依据，通过信用记录和信用信息的公开，来降低市场交易中信息的不对称程度，约束社会各经济主体信用行为的社会机制。何淑明（2007）认为，信用奖惩机制的建设是国家信用体系理论的一个重要组成部分和有力保障。必须由政府作为执行机构，才具有最大的震慑力和权威性。吴晶妹（2007）认为，信用奖惩机制是信用管理体系中的重要组成部分，是打击经济中失信行为的社会机制。其主要功能是对所有失信的法人或自然人实施实质性打击，让不讲信用的法人和自然人不能方便地生活在社会中，同时维护守信者的利益，并在有条件的情况下对诚实守信者进行物质性奖励。一个国家只有具有了运转正常的信用奖惩机制，才能说有了完整和健全的社会信用管理体系和信用制度，才能有效地保障市场健康有序发展。

可以看出，各方面对信用奖惩机制的定义都是围绕对失信行为进行处罚，对守信行为进行激励的基础上进行解释，其共识为：要惩戒市场主体的失信行为，使之付出相应的代价，以此来约束市场主体的信用行为，是现代信用管理体系的重要组成部分。

（二）信用奖惩机制功能及构建的相关研究

林钧跃（2002）认为，奖惩机制的功能应该包括两方面：一是要对失信行为进行惩罚，惩罚主要以经济性惩罚为主，以对失信行为进行道德谴责为辅；二是要奖励诚实守信的市场主体，而且是实惠性的奖励，加大市场对失信和守信的态度反差。对于信用奖惩机制的构建，他提出了三个基本要素：一是政府和民间征信数据对征信机构开放；二是由专业征信机构投资，通过联合征信形式采集征信数据，构筑征信数据库，并合法公开不同级别和类型的资信调查结果；三是由政府倡导建立一个市场联防机制，由具备监管功能的政府部门、各类授信机构、雇主、公用事业单位等参加，使失信企业和个人不能取得任何信用方式的便利。

刘晓霞（2003）认为，失信惩戒需要全社会共同努力，市场主体的守信意识是防止失信的基础，行业自律对信用的维护与惩戒是桥梁，政府监督是主导。

龙西安（2003）认为，因为人在本质上是自私的，有享受高水平物质生活和占有更多生活物质的欲望和需求，因而其具有天然的机会主义自利行为的倾向，因此，需要建立一种惩罚违约行为的制度安排即奖惩机制来约束。他提出，奖惩机制仍然是围绕信用交易中的信息和产权两个方面来实施：对债权人而言，可以维护债权人的利益不受侵犯；对债务人来说，在惩罚机制约束下失信的成本会高于失信的收益，从而其理性选择是信守合同。

邹年（2004）认为，建立失信惩戒机制，使守信用的人得到鼓励，使失信的人受到惩罚，是信用体系得以健康发展的重要前提。

陈俊丽（2005）认为，道德惩戒、市场约束、政府监管和法律惩治是构成惩戒机制的重要基本环节，它们之间既有替代性又存在互补性。

朱冬辉（2006）从化解和防范信用风险，继而避免由此引发的银行呆坏账及信用危机方面，提出了建立金融失信惩戒机制的监控模型，对金融失信行为实行动态监控，明确失信惩戒的组织结构、信息传导系统、动力系统和惩戒方式。他指出，为了构建金融失信惩戒机制，需要完善相关法律法规、建立金融信用数据技术支撑体系，培育现代金融征信服务体系，完善金融失信惩戒机制中的失信惩戒手段，培育金融失信惩戒机制监控体系中的主体和客体的忧患意识。

魏建国、鲜于丹（2007）利用博弈论分析了建立奖惩机制的重要性。他们认为，从信息经济学原理看，在设计对企业失信行为的综合惩戒机制时必须遵循这样的基本原则，即失信行为的期望成本要大于期望收益，低于此标准就会诱导企业失信或鼓励企业不守信。

陈文玲（2007）认为，信用缺失已成为我国经济发展的"瓶颈"，是破坏社会主义—市场经济秩序的根源，她在考察美国信用制度的基础上提出，应该借鉴西方征信国家经验，构建有效的失信惩戒机制，以此来规范信用交易，保障社会信用体系的正常运行。她开创性地提出的失信惩戒制度包括五个方面的内容：一是由信用服务行业和企业生产的，通过销售、购买和使用信用产品形成的市场性惩戒；二是由政府综合管理部门和政府专业监管部门作出的行政性和监管性惩戒；三是由行业组织根据行业规定进行的行业性惩戒；四是由司法部门作出的司法性惩戒；五是通过信用信息广泛传播形成的社会性惩戒。

（三）信用奖惩机制博弈分析原理的相关研究

尹继志、李晓军、穆晓楠（2004）认为，由于"信息不对称"，导致经济主体失信的重要原因是信息没有被充分公开和共享。征信正是通过科学公正的方式和方法来客观地反映经济主体的信用状况，并以信用报告的形式向社会公开。随着社会分工的深化和信用交易的扩大，征信机构应运而生，它们为信用的需求者提供专业化信用服务，收取相应的费用。征信业的发展对建设社会信用体系非常重要，但对征信机构及所开展的业务又需要加强管理。

韦勇（2006）认为，建立社会诚信需要体制保障，信用表面上看是道德问题，但其本质是法律问题。在失信者看来，失信是一种投资，失信投资少、成本低、收益高。从经济学意义上说，失信是一种博弈。

孙日瑶（2006）根据博弈论，若采取公共信息平台策略，从制度上不排除"搭便车"现象；规模较小的贷款人，将失去征信管理的积极性，因为较大规模贷款人面临的风险更大，从而选择加强征信，通过充分的市场竞争，能够更好地促进征信发展。

魏建国，鲜于丹（2007）通过动态博弈分析得出结论：缺乏失信惩戒机制的情况下信用交易活动受到限制，惩罚和奖励机制作用下的信用交易活动容易发生，最后提出了建立有效的失信惩戒机制的思路。他们认为，从信息经济学原理上看，在设计对企业失信行为的综合惩戒机制时必须遵循失信行为的期望成本要大于期望收益的基本原则，低于此标准就会诱导企业失信或鼓励企业不守信。所以，失信惩戒机制应以提高失信成本为基本出发点，将信用交易中的授信人与失信之间的矛盾激化成失信者与全社会的矛盾，使失信者在未来的信用活动中受到制约和惩处。失信惩戒机制的运作方式会自然而然地对守信者进行奖励，因为它也将优良的信用记录同时记录下来，给予守信者以高的信用评分，使守信者在不知不觉中获得一些无形资产。

三 相关研究评述

综上所述，通过对国内外学者在信用及信用奖惩机制方面研究的综述，我们可以发现，国内外学者的研究具有如下特点：

第一，对信用缺失问题陈述性说明的多，而缺乏理论性、数据性分析；

第二，对相关问题的研究定性分析的多，定量分析的少；

第三，对奖惩机制构建的提法不少，但缺乏较为全面的奖惩机制内在机理的模型分析；

第四，通过与征信国家失信惩戒的成功经验的对比分析，找出我国失信惩戒机制存在的问题较多，研究的重点也主要集中在失信惩戒的功能和手段如何配套和协调，强调失信惩戒的成效上，而对奖惩机制运行模式和实现路径研究较少，缺乏具体的运行机理。

第三章　信用奖惩机制相关概念界定及基本理论

第一节　信用奖惩机制相关概念的界定

一　信用与征信

（一）信用的概念

1. 社会学意义上的信用概念

国内外对信用的定义多种多样。汉语中"信用"一词，从词源上考察，《说文解字》称："信，诚也、从人言。"意思是指诚实守诺，言行一致。按照《辞海》的定义，是指"遵守诺言、实践成约，从而取得别人的信任"。信用首次出现于《左传》的"宣公十二年"篇，王曰："其君能下人，必能信用其民矣。"信用是市场主体之间所发生的一种合理期待或者信赖关系，它存在于人们的交往行为之中。没有交往或者交换，也就无所谓信用。

《现代汉语词典》对信用含义的解释包括四个方面：（1）能够履行跟别人约定的事情而取得的信任，讲信用；（2）不需要提供物质保证，可以按时偿付的信用贷款；（3）银行借贷或商业上的赊销、赊购；（4）信任并任用。其中，第四个方面的含义通常指的是书面语，做动词用，现在很少使用。由此可见，信用主要包含三层含义：一是信用作为一种基本道德准则，是指人们在日常交往中应当诚实无欺，遵守诺言的行为准则；二是信用作为经济活动的基本要求，是指一种建立在授信人对受信人偿付承诺的信任的基础上，使后者无须付现金即可获取商品、服务或货币的能力；三是信用作为一种法律制度，即依法可以实现的利益期待，当事人违反诚信义务的，应当承担相应的法律责任。

英语中的"Credit"源于拉丁语 bonalldes 和 Credere，意为信任；西方"信用"的原意也是我给予信任。在现代西方国家，信用被赋予更多的经济含义，如《大英百科全书》的解释是："指一方（债权人或贷款人）供应货币、商品、服务或有价证券，而另一方（债务人或借款人）承诺在将来一定的时间里偿还的交易行为。"可以看出，从中西词源学上考证，信用都与信任意义相通，密不可分。而且随着经济社会的发展，信用逐渐与契约、赊销、信贷等经济活动连为一体，在一定程度上反映和体现了市场主体的特殊经济能力及对市场主体的经济评价，体现为一个经济问题。

2. 经济学意义上的信用概念

在现实生活中，信用主要是一个经济学的概念。《新帕格雷夫经济学大辞典》对信用的解释是："提供信贷，意味着把对某物（如一笔钱）的财产权给予让渡，以交换在将来的某一特定时刻对另外的物品（如另一笔钱）的所有权。"

《牛津法律大辞典》对信用的解释是："信用指在得到或提供货物或服务后并不立即而是允诺在将来付给报酬的做法。"

信用是建立在授信人对受信人偿付承诺的信任的基础上，使受信人不用立即付款就可获得商品、服务或货币的能力，即赊销。这种能力的一个条件约束就是受信方在其应允的时间期限内为所获得商品、服务或货币付款或付息。这个时间期限必须得到授信方的认可，具有契约强制性。

信用的构成要素主要包括信任和时间。信任是指授信人对受信人的信任；时间是指授予信用和偿还信用的时间限制。信用是以信任为基础、以按期偿还为条件的交易关系和价值运动方式。

3. 本书对信用的界定

目前，我国学术界对信用的概念的界定并不统一，不同学科背景的学者从不同的角度对信用进行了界定和解释。有些学者从经济学角度给出了解释，有的从经济制度角度考虑，认为信用是一种关于信用产品生产销售、信用管理和操作的行为规范和交易规则。有的学者从社会伦理角度对信用进行了阐释。陈文玲认为，信用可以区分为传统信用和现代信用。传统信用本质上来说是一个道德概念、文化概念、自律概念，是一种"互识社会"的"熟人"信用。现代信用是一种经济概念、商品概念、制度概念、机制概念。随着商品经济的发展，人们的社会信用关系也不断地发生着变化，过去建立在血缘、亲缘、族缘和地缘基础上的传统信用关系，需要演变为以市场经济为基础、以契约为纽带的现代信用关系。笔者认同陈文玲对信用概念的界定。

（二）信用的性质

信用是一种无形资产，它有如下特征：

（1）不能独立存在，只能依附于企业、商号或品牌等信用载体。

（2）由于信息的传递过程，建立信用或信誉往往需要逐渐形成。虽然不守信的坏名声也要有个信息传递过程，但通常是"下坡路好走"，因此短期行为者与失信的相关度较高。

（3）信用的"所有权"与"使用权"可以分离。如担保公司为某个企业做担保，后者实际上在使用担保公司的信用，当然，也需要付费。麦当劳及其他的连锁经营也是同样的道理。

（4）衡量信用价值的难度主要取决于获得信息的准确性和及时性，因此有关的市场机制和法律设计就十分重要。

（三）信用分类及基本形式

1. 信用的分类

信用按债务人的身份分类，将信用分为公共信用、企业信用与私人信用；按照授信对象分类，信用可以分为公共（政府）信用、企业（包括工商企业和银行）信用和消费者个人信用，其中，政府信用是社会信用体系的核心；按设立信用期限分类，信用可以分短期信用、中期信用和长期信用。

2. 信用的基本形式

按授信对象的分类标准来确定信用的基本形式，可分为公共信用、企业信用和消费者信用。即公共信用也称政府信用，是指一个国家各级政府举债的能力；企业信用泛指一个企业法人授予另一个企业法人的信用，其本质是卖方企业对买方企业的货币借贷。企业信用涉及商业银行、财务公司、其他金融机构对企业的信贷，以及使用即期汇款付款和预付货款方式以外的贸易方式所产生的信用；消费者信用是指消费者以对未来偿付的承诺为条件的商品或劳务的交易关系。为了推销商品，设计出许多创新推销方式，诸如分期付款、赊购证、信用卡等。消费者信用的出现扩大了市场的规模，使消费者可以提前享受到他们所要的东西。

消费者信用管理是以科学管理的专业技术，扩大信用消费、防范信用风险的技术手段。相对于商业银行和工商企业两个市场上的信用管理，消费者的信用管理的内容更为丰富，小到信用卡透支、赊销购物，大到购车、买房，涉及了人们生活的方方面面。消费者信用管理的主要功能为客户信用调查、客户授信、账户控制、商账追收以及利用个人征信数据库推销信用支付工具。按以信用的使用目的为标准，消费者信用可以分为零售信用和现金信用。

（四）征信和社会征信体系

征信有广义和狭义之分，广义的征信泛指调查、了解、验证他人信用。狭义的征信主要是指征信机构对企业或个人信用进行调查、验证并出具信用报告。在本书中，与奖惩机制有关的研究是狭义的征信概念。具体来说，征信是对企业资信调查和个人信用调查的俗称，是为信用活动提供的信用信息服务，实践中表现为专业化的机构依法采集、调查、保存、整理、提供企业和个人的信用信息，并对其资信状况进行评价，以此满足从事信用活动的机构在信用交易中对信用信息的需求，解决信贷市场信息不对称的问题。征信活动有利于经济主体在经济活动中规避信用风险，是市场经济交易活动的基石和维护正常经济秩序的重要保证。

社会征信体系是与征信活动有关的法律规章、组织机构、市场管理、文化建设和失信惩戒等共同构成的一个体系。

二 失信

(一) 失信的概念

失信即信用缺失。如果说守信是履行合同、信守承诺、努力工作、不偷懒、不说谎的话，失信就是当事人违反诚实信用原则，恶意追求自身利益的最大化，而置他人利益于不顾的行为与现象，其表现为说谎、欺骗、违约、偷税、赖账、假冒伪劣、缺斤少两、合同欺诈等。

从经济学角度看，失信可以将其理解为一种机会主义行为。因为所有的市场交易都可以被看作是一系列的契约关系。市场经济就是"契约"经济，契约的核心价值观念就是当事人做出愿意接受这些契约的承诺并忠实地兑现这些承诺的许诺。市场化程度越高，人们对社会信用的要求也越高。传统的信用本质上是一个道德的概念，是靠自我约束、自我管理来实现的，是一种"互识社会"的"熟人"信用。而现代信用是一种是经济概念、商品概念、制度概念、机制概念。它的核心是把与信用相关的信用信息加工成信用产品，更多地表现为以契约为纽带的"匿名社会"的"陌生人"信用。正是由于契约的不完全、人们之间信息的不对称，以及对于失信行为缺乏有效的惩罚措施，从而使失信者具有采取机会主义行为、谋求利益最大化的空隙。

关于失信的理解，可以分为传统信用缺失和现代市场经济条件下的信用缺失。传统的信用关系是指人与人之间在文化、道德与伦理层面的信用关系，它主要是通过伦理的约束、道德的自我完善等自律手段来达成人与人之间的信用关系。这种守信和信用能力的取得并不依靠某种制度安排，而是来源于文化、道德和伦理的约束，靠的是人们自己的道德修养。在传统信用关系中，人们的失信停留在人格化的交易秩序和人格化的社会秩序之中。由于人们之间的交易范围和交往范围都比较小，相对而言，信息传递较为对称。因此，在传统的熟人社会，可以通过传统信用达到守信。

现代市场经济条件下，信用属于市场经济范畴，信用产品是具有价值和使用价值的特殊商品，这种商品交易规模的扩大，支撑着信用交易规模的扩张。现代市场经济正是通过商品交易和交换实现商品价值的，体现为人与人的交易交换关系、企业与企业的交易交换关系，在交易交换的过程中，必然提出对契约有效履行的信用水平的信任。人作为经济人参与到经济活动之中，人的行为不仅需要文化、道德和伦理的约束，更需要依靠法律、法规等制度安排手段的约束和规范。从而将一个人对另一个人失信、一个企业对另一个企业失信转化为某个人或者某个企业对全社会的失信。本书研究现代市场经济条件下的信用缺失问题。

（二）失信的分类与表现形式

1. 失信的分类

（1）按照失信的主体划分，可以分为政府信用缺失、企业信用缺失、个人信用缺失和中介组织等社会中间体（包括行业协会、慈善机构等）信用缺失。

企业信用缺失主要是指发生在企业之间的失信行为。如制售假冒伪劣商品、拖欠货款、拖欠贷款、披露虚假信息、商标侵权、合同欺诈、价格欺诈等。

个人信用缺失是指社会个体在社会经济交往中的失信行为，如拖欠房屋贷款和助学贷款、偷逃个人所得税、骗贷和骗保、盗用他人身份等。

政府信用缺失是指失信行为的主体是政府，主要包括政策的朝令夕改、行政许诺不兑现等。

中介组织等社会中间体是介于政府和企业之间的第三方组织，它是沟通政府与社会、政府与企业的纽带。其信用缺失主要体现为对知识和权威的滥用，如信用评估机构发布不实的信用报告、会计师事务出具的虚假会计报告等。

（2）按照失信行为人的意愿划分，分为恶意失信和非恶意失信。

恶意失信是指当事人主观意愿引致的，一味地牟取自身利益（如经济和社会名誉等），而置他人利益于不顾的失信行为。包括两种情况：一种是当事人出于自身机会主义的考虑，在具有履约能力的条件下，一味地牟取自身利益的最大化，而置他人利益于不顾的失信行为。另一种是当事人为了获取利益，在明知自己无履约能力（如无力还款）的情况下依然利用市场信息的不对称或通过提供虚假信息等手段，达成交易契约，并在契约签订后不积极履行承诺的失信行为，是一种欺骗性的失信行为。比较典型的是骗取高额保费、骗取贷款和骗取退税。

非恶意失信是指并非当事人主观意愿引致的失信行为。包括三种情况：

（1）当事人在违背承诺时，并没有意识到自己的失信行为，而是由于疏忽（如对承诺的不了解或忘记等）而导致的无心之过，如信用卡还款人由于忘记了还款日期而导致的失信行为。

（2）由于当事人不能正确地估算自己的能力和现实情况，轻易许诺，并最终导致其承诺的责任超出其履约能力，而不能践约。

（3）当事人由于不可抗拒的客观因素的变化，引致其履约能力的丧失而导致的失信行为，这种失信不以行为主体的意志为转移。如突发的自然灾害地震、洪水等，破坏了原有履约的客观条件。

（3）按照失信的损害程度划分，可以分为轻微损害、损害和严重损害。

失信行为的后果是指由于当事人的失信行为所导致另一方的利益损失程度。市场经济领域中的失信行为，是对承诺契约的背弃，因此会给守信方带来利益上的损失，只不过是严重程度不同而已。

严重损害的失信是指那些造成巨大不良经济后果和社会影响的失信行为，它给交易对方造成的损失往往是难以估量和挽回的。

轻微损害的失信是指由于当事人的失信行为所导致另一方在利益上有所损害，这种损害基本对守信方不造成什么经济损失和社会影响。

介于严重损害和轻微损害之间的即为损害失信，是指当事人失信行为对另一方造成了一定程度的经济损害和社会影响。

2. 失信的表现形式

社会主体的失信行为表现形式多种多样，大多数学者在研究时一般采取现象列举法，也就是罗列出社会各个层面和领域失信的具体表现形式。如吴敬琏对我国失信行为的表现大致归纳为七种情况：一是不履行契约；二是债务人大量逃废债务；三是假冒伪劣商品充斥市场；四是企业进行虚假披露；五是"虚假广告"、虚假"财务报告"；六是银行的不良贷款；七是盗窃知识产权。

研究表明，从一般意义上说，市场经济条件下的失信表现主要包括拖欠银行贷款；拖欠企业货款；工商企业合同违约；偷税逃税骗税；编制虚假财务数据；逃废债务；制售假冒伪劣商品；商业欺诈；走私骗汇；价格欺诈；乱涨价乱收费；虚假广告；企业履行生态环境保护责任方面的问题；侵犯知识产权方面的问题；企业虚假注册、抽逃注册资本方面的问题；不依法履行法院判决方面的问题；非法集资方面的问题；个人求职、助学、住房贷款、交税交费方面的问题；信用卡透支方面的问题；以及政府公信力方面的问题等方面。

三　信用奖惩机制

（一）激励

美国管理学家贝雷尔森（Berelson）和斯坦纳（Steiner）给激励下了如下定义："一切内心要争取的条件、希望、愿望、动力都构成了对人的激励。它是人类活动的一种内心状态。"人的一切行动都是由某种动机引起的，动机是一种精神状态，它对人的行动起激发、推动、加强的作用。由此可见，激励是指持续地激发人的动机和内在动力，使其心理过程始终保持在激奋的状态中，鼓励人朝着所期望的目标采取行动的心理过程。激励可分为正面激励与反面激励，本书所论述的激励指的是正激励。

（二）惩戒

《辞海》对"惩"的解释为"戒止"、"惩罚；惩戒"；把"戒"解释为"防备；准备""谨慎""禁止"。"惩戒"被理解为"惩治过去，警戒将来"。《现代汉语词典》将"惩戒"解释为"通过处罚来警戒"。惩者，息其既往；戒者，闭其将来，有着"威慑"的价值取向。《诗·周颂·小毖》有云："予其惩而毖后患。"可见，在汉语中惩戒不仅仅被理解为对以往过错的惩罚，更有着对未来行为进行教育矫正的含义，惩戒具有惩和戒的双重含义。

(三) 信用奖惩机制

1. 信用奖惩机制的概念

信用奖惩机制是指相关的组织机构包括主体、客体和征信中介机构共同参与的，以企业和个人征信数据库的信用信息记录为依据的，综合运用法律、行政、经济和道德等多种手段，对失信行为而导致他人利益损失的失信行为人所采取的措施、手段和办法。它是社会信用体系中最为重要的制度安排之一，是一系列的正式和非正式的制度安排。信用奖惩机制既是社会信用体系发挥重要作用的保障，也是社会信用体系不断完善与发展的一个重要标志。

2. 信用奖惩机制的特征

（1）奖惩机制即是对信用主体作出的奖励与惩戒。奖惩的根据是个人或是组织的行为，而奖惩的对象则是个人或组织。

（2）奖惩机制具备正当性。之所以对行为进行奖惩，是基于社会大多数人的共同价值信仰，即失信行为是一种不利于社会秩序与社会发展的恶行，是对集体情感的侵犯。守信则是一种值得崇尚的行为，因此，对行为进行奖惩具有正当性。

（3）奖惩机制是对损害他人利益的失信行为的惩戒。基于失信惩戒的正当性理由，其惩戒的是损害守信方利益的失信行为。从经济学角度，之所以采取惩戒的措施，是因为失信者的机会主义行为破坏了帕累托最优的市场状态，失信者的获益缘于对守信者利益的损害，它不仅不能起到改进帕累托的作用，反而破坏了市场秩序，降低了市场效率。但是，如果失信行为（如善意的谎言）并不给社会带来任何损害的话，就无须采取惩戒的手段。

（4）奖惩机制对失信者而言是一种公认的物质和精神损失。比如，取消某种资格带来的不便；身体监禁带来的痛苦；经济处罚带来的损失；道德谴责带来的愧疚。总之，失信惩戒是一种公认的恶果，是一种令失信者不愉快的东西。

（5）奖惩机制既是对失信行为的惩罚执行，又是对失信行为的社会谴责，更是对未来失信行为的有效威慑。通过惩治失信行为，往往可以达到矫正失信行为、教育失信者、震慑他人、传达社会谴责、平衡社会关系、实现社会秩序、伸张社会正义的综合效果。

3. 奖惩机制的分类

从奖惩的手段来看，信用奖惩机制主要包括以下五种机制：

（1）司法惩戒。从法律角度看待"惩戒"，往往被理解为"惩罚"。《牛津法律大辞典》认为，"惩罚"是指享有合法惩罚权的人使他人遭受某种痛苦、折磨、损失、资格丧失或者是其他损害。《布莱克法律词典》认为，"惩罚"是一种制裁，如罚款、刑法、监禁或财产、权利或特权的丧失；这种制裁是针对违反法律的个人做出的。

（2）行政奖惩。行政奖惩是指政府依据法律法规的规定，利用其行政职能，对"守信者"给予税收优惠，市场准入等政策性奖励以及对失信者实施警告、批评教育、处罚等行政性管理措施。在行政监管性奖惩机制中，政府身兼两种责任：其一是对自身监管，是指政府监督"自身信用"也即政府信用的建构与完善；其二是对市场而言，是指政府在社会信用体系中对其他信用主体监管来促进信用体系的建构与完善。

（3）市场奖惩。市场奖惩机制就是市场中经济活动的参与者，在市场的监管下，会由于其行为是否符合信用奖惩的评价标准，受到来自市场的约束，包括市场对诚信企业或公民给予开放政策的奖励，如降低准入门槛、提供融资渠道等，对失信的企业或公民实行惩罚性约束，比如提高市场准入条件、减少金融机构贷款等。

（4）行业奖惩。行业奖惩机制就是企业所属的行业自律组织对企业做出的奖惩行为，例如，取消企业会员资格、限制行业内部信用评级机构的资格以及从事评级人员的条件等。

（5）社会奖惩。社会奖惩是指通过新闻媒体、舆论对守信、失信行为的披露和实时报道形成一种社会的舆论，用道德来约束、制裁和激励社会成员的信用行为。

从广义的惩戒来看，首先，惩戒是因为人们触犯了某些道德，或是触犯某些法律或是法规；其次，惩戒是为了防止这种违规行为的再次发生而施行的；最后，惩戒会使被惩戒者感到痛苦、会给被惩戒者现实和未来造成损失（经济、道德损失）。因此，惩戒的含义包含有

"为什么原因而惩戒""为什么目的而惩戒",以及"惩戒的后果是什么"这三个既相互关联,又互相区别的概念要素。

第一,市场惩戒具有整合信息的优势;

第二,行政惩戒和监管惩戒则是政府依法、依规进行惩戒,惩戒手段比较便捷;

第三,行业惩戒是对于专业领域,具有掌握信息专业、全面的特点;

第四,对于严重的违法失信行为,则可以借助法律施行司法惩戒,对于那些不具备行为能力人的惩戒也可以通过司法配合进行相应的惩戒;

第五,社会惩戒通过信息的广泛传播对失信行为产生威慑作用。

通过以上五类失信惩戒可以将失信行为置于全社会的监控之下,形成一种失信惩戒的大网,使失信者无所遁形,一处失信,处处受制约。

4. 奖惩机制的要素

(1)奖惩机制的主体。奖惩机制的主体就是"谁来实施惩戒"即享有权利的权威部门,主要是指政府司法部门、综合管理部门和专业监管部门、金融和商业企业、行业中介组织等市场中间体(中介组织),以及社会大众。失信惩戒与法律惩罚是有区别的。法律惩罚是国家以法律的形式对违法犯罪行为的惩罚,惩罚的主体是国家;失信惩戒的主体却是多元的,既有国家对违法犯罪失信行为的惩戒,又有企业、个人之间的相互惩戒,以及社会民众对失信行为的惩戒,失信惩戒主体必须具有施加惩戒的权力,并且这些惩戒权力的来源必须是合法合理的。

(2)奖惩机制的客体。奖惩的客体是被奖惩的承担者,即惩戒谁,客体必须是接受奖惩的人或是人格化的组织,因为只有人和具有人格化的组织,才具有为自己的失信行为承担责任的能力,才能接受奖惩。客体就是自然人和法人。具体包括失信的个人、企业、中介组织和政府。奖惩应该针对不同行为人的特点和状况,对其失信行为进行奖惩。

（3）奖惩机制的原则。具体包括：

一是依法奖惩原则。对失信者的奖惩必须以法律为依归，以事实为准绳，依法追究失信者的民事或刑事责任。

二是量惩相应原则。是指对失信行为的惩罚应当与其造成的社会危害相对应，使失信者对其失信行为付出相应的代价。不同程度的失信行为应给予不同程度的惩戒，严重的失信行为应当承受更为严厉的失信惩戒，付出更大的代价。对于故意失信行为的惩罚应当明显高于对无意识失信的惩罚。

三是成本收益原则。失信惩戒必须使失信者的失信成本高于其失信获利，只有这样，才能有效地预防人们的机会主义动机。为达到有效矫正失信行为，并威慑其他失信者的目的，不仅要使失信者的失信成本高于其失信获利，更要将这种失信成本放大，使其远远高于失信获利。使失信从对交易对方的失信转化为对全社会的失信，让失信者一处失信，处处受制约。

四是累犯严惩原则。对于屡屡失信的失信者，应当加大对其的惩戒力度。

五是惩戒适度原则。虽然加大惩罚的严厉程度，有助于震慑失信者，但是，如果肆意地提高惩罚的力度，反而会适得其反。如对说谎和欺诈处以同样的惩罚，就等于鼓励人们去做更大的恶——欺诈。

六是信用修复原则。不良的信用记录，会在一段时间内对个人的信用活动产生影响，但并不会跟人一辈子，应当允许对其进行修复。

（4）失信惩戒的方式。具体包括：

一是人身自由惩戒。人身自由惩戒是指使失信者失去人身自由，或是限制失信者人身自由的失信惩戒方式。对于那些情节严重、触犯刑事法律的失信行为，往往会受到监禁、拘役等剥夺人身自由的惩戒。而对于那些尚不构成刑事犯罪的民事失信行为，往往可以采取限制人身自由的惩戒方式。此外，剥夺和限制人身自由往往也附带着义务劳动的惩罚，如惩罚失信者进行社区义务劳动。

二是财产惩戒。财产惩戒是指对失信者处以财产（包括金钱和物质）为内容的惩戒，主要包括罚金、罚款、赔偿、违约金、没收财产等。

三是资格惩戒。资格惩戒是指使失信者丧失行使某种权利资格为内容的失信惩戒方式。主要包括吊销执照、禁止生产经营、取消学位、取消公职,被组织排斥、禁止交易、取消资格准入等。

四是道德惩戒。道德惩戒是对失信者及其失信行为的道德批评和社会谴责,从而在精神层面对其实施惩戒。如媒体对失信行为的曝光、社会对失信行为的抵制和谴责等。

第二节 信用奖惩机制的功能

信用奖惩机制是将奖励机制和惩罚机制联合起来约束社会主体行为,通过对守信者的激励引导企业和个人诚实守信,通过对失信者的惩戒迫使企业和个人诚实守信的一套社会主体信用管理制度,包括对守信者的激励和对失信者的惩戒两个方面。信用奖惩联动机制可以破除信用信息的区域化、条块化,减少信息成本,使守信的单位和个人能得到鼓励和奖励,失信的单位和个人受到应有的制约和制裁,最终形成起全社会诚实守信的良好氛围推动社会信用体系的成长,信用奖惩机制至少包括惩罚功能、震慑功能和奖励功能三大功能。

一 惩戒功能

信用奖惩机制具有对经济主体的失信行为进行惩罚的作用,并且失信惩戒机制对失信行为的打击是主动的,它不对任何企业和个人预先告知,也不对失信者进行任何思想道德方面的教化,甚至在失信行为者不知情的情况下,通过征信体系的功能扩展,就开始实施对其显性或隐性处罚。惩戒功能是失信惩戒机制最直接、最主要的功能,主要体现在法律、行政、经济、道德等方面。

(一)法律惩戒

信用既是一种伦理道德约束,也是一种法律约束,任何社会主体失信都应该受到法律的惩罚。司法惩戒主要是针对触犯司法的失信,司法行政机关根据法律法规规定,对信用主体的违法行为进行惩处,此类惩罚适用所有社会成员。从历史上看，诚实守信首先作为一种道德原则出现，后来为法律所采纳，成为法律的基本原则。法律惩罚机制是社会主体信用最重要的体制保障，要阻止失信行为的发生，必须以法律制度作为保障，使失信者受到法律的惩罚，付出沉重的代价。法律是道德的底线，是社会有序发展最低限度的要求和规定。法律的公正不只体现在法律制度安排的合理上，更体现在对守法者的保护和对违法的惩治上，即国家通过强制手段使经营者履行道德义务，实现道德权利。违法者要承担法律风险或违法成本，受到相应的处罚，经济领域中的违法行为，是违法者给对方合法权益的践踏，理应受到法律的惩罚，使受害者获取法律救济，维护社会的公平和正义。信用缺失是目前道德领域中出现的突出问题之一，由于我国既缺乏公共生活传统，又正处于社会转型中，还没有形成有效的公共信用监督管理体系，致使信用失范行为的泛滥。从执法上看，我国信用法律不完善，执法主体执法不严，导致违法收益远远大于违法成本，法律风险系数过低，这在一定程度上怂恿了不法者对法律的藐视，践踏了法律的尊严。建立信用奖惩联动机制通过信用信息共享向监管机构提供信用信息，破除信用信息的区域化、条块化，如果公司企业不尊重、不维护信用，等待他们的将是法律的重罚，这种惩罚不仅使他们在财产方面遭受重大损失，而且不良的信用记录甚至使他们无法在社会上生存，在如此严密的失信惩戒机制之下，很少有人去以身试法。北京、河北、天津三地信用建设启动京津冀区域信用体系及信用奖惩联动机制，可以使三地间恶意拖欠和逃废银行债务、逃骗偷税、商业欺诈、环境污染、制假售假、盗版侵权、非法集资等严重失信行为，以及对失信被执行人制约等将实现"一处失信、处处受制"的区域联动。人民法院还将建成的执行查控体系能够覆盖全国范围内所有基本财产形式，这一执行查控体系将对被执行人财产实现"一网打尽"，并对失信被执行人形成多部门、多领域的联合信用惩戒。

(二) 经济惩戒

失信是一种投机行为在不完善的市场经济体制条件下，以失信为代价换取短期内的经济收益。失信企业按照各自职能分工采取限制其上市融资、发行企业债券，提高贷款利率或拒绝贷款，依法禁止参加重大项目招投标，取消其财政补贴资格，不予以考虑享受政府补贴扶持（拨付财政性补贴资金）等多项失信惩戒联动措施，增加企业或个人的运作成本，降低其市场竞争力，从而达到惩戒的目的。失信惩戒联动可以记录社会主体即时诚信度，博弈双方都了解了对方的信息，博弈的对象始终知道对方的诚信度，每个合作对象都知道了你上一次合作中是否采取了诚信的决策，即使改变交易对象也无法换取经济收益，失信者因处罚而遭受的损失远远大于从失信行为中获得的利益。失信惩戒联动机制将限制机会主义行为地发生，通过失信的社会主体就会被每个人都会在下一次博弈中遭受报复，迫使每个社会主体都不得不遵守诚信，有严重经济失信行为的企业和个人从市场的主流中剔出去，减少市场上存在的各种失信行为，对信用交易市场秩序的维护作用。

（三）道德惩戒

信誉是一种良好的社会资源，康德说：德行就是力量。道德惩戒是失信惩戒机制中的一种软约束机制，它依靠媒体、公众舆论以及社会文化活动来体现其影响。失信惩戒联动机制通过曝光、"黑名单"制度加强信息披露、降低信用评级、取消相关资质的手段对社会主体的信誉和公众形象产生不利影响，从而达到惩戒的目的。"黑名单"就像在市场上立一块公开的告示牌，对中的企业能够有很好的约束和矫正作用，对心存侥幸的企业有警醒作用，让失信的社会主体既要承受社会舆论批评的成本，又要承受自身道德意识的谴责，而且还要冒可能在社会上寸步难行的风险，处在一种无形的、充满公众舆论的环境与氛围中而备感道德约束的压力。失信惩戒联动机制有利于在社会上形成失信者对交易对方的失信转化为对全社会的失信，让失信者一处失信，处处受制约的机制。

西方发达国家一般是通过法律及道德、宗教、舆论等非法律手段来对失信者进行惩戒。在德国，信用信息局收集个人的信息，失信者的记录将被保存和公示5年，个人破产记录被保存和公示30年或者债务得到提前清偿，形成长期的威慑力，有过不良信贷信用记录的人会遇到申请贷款时会被拒绝或者支付高利率，要想用分期付款方式购买一些大件商品时也会被商家拒绝，诸多限制。惩戒的方式最常使用的是"黑名单"，它是一种记录失信行为的详细名单和数据库系统。在美国，FDA将申报过程中造假的产品列入"黑名单"并公布于其网站，"黑名单"系统包含纳入"黑名单"的人员姓名、性别、工作企业、职位、违法事由、处罚依据、处罚决定等非常详细和清晰的信息，这些惩戒信息通过公开发布和广泛传播，能将失信双方的矛盾扩大为失信者与全社会的矛盾，其知名度也将大打折扣，失信成本大大提高。

二 震慑功能

信用奖惩机制形成对守信和失信行为进行扩大的机制，把对一个人的失信，扩大为对全社会的失信，大大提高了失信成本，有利于引导市场主体的行为。可以看出，信用奖惩机制的构建，使社会主体信用信息的得以广泛传递和传播，使他们的一次性交易演变为"重复性"交易。对于现代市场经济而言，由于人口流动性非常大，市场主体经济活动十分复杂、分散，且相当一部分都是一次性的匿名交易，奖惩机制更显得尤为重要。而缺乏奖惩机制的社会环境，市场主体就会为了追求短期利益而选择失信违约，而人口流动和分散的加剧会使受损失的市场主体很难对失信行为人进行有效的监督和惩罚。信用奖惩机制的建立，不仅对已经发生的失信行为及失信行为人进行严厉的惩戒，并能够将失信行为人的失信信息收集起来，加工整理反映在信用报告和企业信用评级中，影响市场主体之后的各项经济社会活动，客观上对失信行为起到监督、惩罚和威慑作用。信用奖惩机制的震慑、警示作用，将失信者失信的动机消灭在萌芽状态之中，对失信行为产生事先约束性。

三 激励功能

守信激励是对守信的企业或者个人给予适当的物质、精神奖励，形成一种除恶扬善的守信环境，让守信者真正地感受到守信带来的现实好处。

(一)守信对政策的激励

在制度或规则的设计者不了解所有个人信息的情况下，设计者所要掌握的一个基本原则，就是所制定的机制必须能够给每个参与者一定激励。因此，信用奖惩联动机制改革过程中，设计和执行相关的激励机制，不仅有利于完善制度体系的运作规则，而且能够有效地激发社会主体改变现状的积极性和创造性，促进信用信息流动，有效地提高制度运行的效率。

(二)守信对经济的激励

经济激励是指由于守信行为而获得竞争优势和投融资便利，包括在工程招投标、大宗交易、签订经济合同、进行合资合作等经济活动中给予加分以及提供融资便利，如优惠利率、额度期限等优惠。诚信成为市场经济运行的基本准则和市场经济秩序的重要内容，是市场主体的道德底线和企业经营的无价之宝，并且把古代商业诚信文化传统发扬光大，演变和沉淀为现代经营者和企业家所秉承的"诚招天下客，誉从信中来"等商业规范和价值理念。信用奖惩联动机制可以向市场监管机构提供信用信息，增加了交易的透明度，降低了交易成本，为监管机构做出决策提供科学根据。守信是市场经济的基础，是市场交易的基本规则，是市场经济有序发展的重要支柱，对市场经济起着促进和推动作用。以守信为核心的市场经济道德体系，在潜移默化中成为大多数人认同的自律规则，这些自律规则又在潜移默化中对市场经济秩序起着约束、规范作用。信用奖惩联动机制在市场秩序建立和完善、社会信用体系的建立中可以产生单个记录不足以发挥的效力，促进企业各项资源的效能发挥，产生了连续不断地推动与放大作用，是企业生存和发展的基石。诚信作为企业文化的核心价值观，能够把企业在长期奋斗中形成的优良品质、顽强作风挖掘和提炼出来，成为大家认同和遵从的价值规范，有助于把各级员工对企业的朴素情感升华为强烈的责任心和自豪感，把敬业爱岗的自发意识转化为员工的自觉行动，使每位个体的积极性凝聚为一个整体，从而增强企业的生命力和活力。

信用奖励联动可以对企业竞争力产生积极的维护与提高作用，是企业获得最大利润的基础。企业真正持久的经济效益来自诚信经营，著名的沃尔玛公司就是通过树立正确的诚信观而提高和保持企业竞争力的典型代表。沃尔玛的信用奖惩联动机制通过促进各机构主动对外提供与共享自己的信用信息，发挥信息资源具有的许多其他资源无法替代的经济功能，将诚信联动机制有机地融入企业的一切经营管理活动中，不仅降低信息成本，而且在诚信基础上发扬团队协作精神，将以客户为中心的诚信服务理念落在实处，使其品牌深得人心，企业在利己与利他之间达成了较为完美的平衡，实现了经济效益和社会效益的"双赢"。

（三）守信对道德的激励

伦理学认为，道德激励可以分为两类：一类是由社会掌握运用，作用于被激励对象，对于被激励对象来说可称为外在道德激励；另一类是由被激励对象自身掌握运用，进行自我激励，对于被激励对象来说可称为内在道德激励。社会和他人对道德主体的道德行为的积极评价，显然，能够成为激励道德行为主体和影响其他社会成员的道德品质和道德境界不断升华的重要力量。诚信是个人的履约原则和能力，是个人取之不尽的利益和财富源泉，是一种不可交易、不可替代的资产，在信息共享的前提下，对于失信者行为的传播能激发声誉效应，使社会主体可能获得长期的超额收益，降低其道德风险，激励其履行合约，注重长远利益。信用奖励联动不仅可以通过向守信法人和个人给予相关资质证明、提升其信用评级、及时进行信息披露、获得行业评先争优资格，促进"一处守信，处处受益，一处失信，处处受制"的社会诚信体系建设，切实提升社会诚信环境。此外，信用奖励联动机制通过对制度的认知与衡量，使人们能够准确地预测自己行为的后果，趋利避害，择善而为，抑制社会成员失信获利的机会主义企图，提高其知善知信到行善守信的确定性和概率，有助于保证社会成员的基本权利，减少公正实现过程的技术性失误，形成人们对诚信制度系统的普遍认同和信任，对社会整体诚信向善氛围的形成有推动的作用。

第三节 信用奖惩机制的相关理论基础

关于信用奖惩的相关理论基础与观点，不同学者在各个学科中有着不同的相关论述，本节将各学科相关信用奖惩理论基础进行简要的综述，为信用奖惩机制理论框架的构建奠定理论基础。

一 信息不对称理论

（一）信息不对称理论概述

信息不对称理论是指在市场经济活动中各类人员对有关信息的了解是有差异的，掌握信息比较充分的人员，往往处于比较有利的地位，而信息贫乏的人员，则处于比较不利的地位。信息不对称理论是由三位美国经济学家——约瑟夫·斯蒂格利茨、乔治·阿克尔洛夫和迈克尔·斯彭斯提出的。

该理论认为，市场中卖方比买方更了解有关商品的各种信息，掌握更多信息的一方可以通过向信息贫乏的一方传递可靠信息而在市场中获益，买卖双方中拥有信息较少的一方会努力从另一方获取信息，市场信号显示在一定程度上可以弥补信息不对称的问题，信息不对称是市场经济的弊病，要想减少信息不对称对经济产生的危害，政府应在市场体系中发挥强有力的作用。

这一理论为很多市场现象如股市沉浮、就业与失业、信贷配给、商品促销、商品的市场占有等提供了解释，并成为现代信息经济学的核心，被广泛应用到从传统的农产品市场到现代金融市场等各个领域。

信息不对称这一现象早在20世纪70年代便受到上述三位美国经济学家的关注和研究，它为市场经济提供了一个新的视角。从现实看来，信息不对称现象无处不在，就像周身遍布的各种名牌商品。按照这一理论，名牌本身也在折射这一现象，人们对品牌的崇拜和追逐，从某种程度上恰恰说明了较一般商品而言，名牌商品提供了更完全的信息，降低了买卖双方之间的交易成本。这一理论同样也适用于广告，在同质的情况下，花巨资广而告之的商品因为比不做广告或少做广告者提供了更多的信息，所以它们更容易为消费者所接受。

信息不对称理论的意义当然不止于此。它不仅要说明信息的重要性，更要研究市场中的人因获得信息渠道之不同、信息量的多寡而承担的不同风险和收益。三位经济学家分别从商品交易、劳动力和金融市场三个不同领域研究了这个课题，最后殊途同归。最早研究这一现象的是阿克尔洛夫。1970年，他在哈佛大学经济学期刊上发表了著名的《次品问题》一文，首次提出了"信息市场"概念。阿克尔洛夫从当时司空见惯的二手车市场入手，发现了旧车市场由于买卖双方对车况掌握的不同而滋生的矛盾，并最终导致旧车市场的日渐式微。在旧车市场中，卖主一定比买主掌握更多的信息。为了便于研究，阿克尔洛夫将所有的旧车分为两大类：一类是保养良好的车，另一类是车况较差的"垃圾车"，然后再假设买主愿意购买好车的出价是2万美元，差车的出价是1万美元，而实际上卖主的收购价却可能分别只有1.7万美元和8000美元，从而产生了较大的信息差价。由此可以得出一个结论：如果让买主不经过旧车市场而直接从车主手中购买，那将产生一个更公平的交易，车主会得到比卖给旧车市场更多的钱，与此同时，买主出的钱也会比从旧车市场买得要少。但接下来会出现另外一种情况，当买主发现到自己总是在交易中处于不利位置，他会刻意压价，以致低于卖主的收购价，例如，好车的出价只有1.5万元，差车价只出7000元，这便使交易无法进行，面对这种情况，旧车交易市场的卖主通常会采取以次充好的手段满足低价位买主的需要，从而使旧车质量越来越差，最后难以为继。

信息不对称现象的存在使交易中总有一方会因为获取信息的不完整而对交易缺乏信心，对于商品交易来说，这个成本是昂贵的，但仍然可以找到解决的方法。还是以旧车交易市场为例，对于卖主来说，如果他们一贯坚持只卖好车不卖一辆"垃圾车"，长此以往建立的声誉便可增加买主的信任，大大降低交易成本；对于买主而言，他们同样也可以设置更好的策略将"垃圾车"剔除出来。另外两位诺贝尔经济学奖得主斯宾塞和斯蒂格利茨，则提供了企业和消费者如何从各式各样的商品中"去伪存精"的方法。

斯宾塞的研究着重于劳动力市场，他从长期的观察发现，在劳动力市场存在用人单位与应聘者之间的信息不对称情况，为了谋到一个较好的单位，应聘者往往从服装到毕业文凭挖空心思层层包装，使用人单位良莠难辨。在这里，斯宾塞提出了一个所谓的"获得成本"概念，他举例说，对于用人单位而言，应聘者如果具有越难获得的学历就越具有可信度，比如说，拥有哈佛文凭应聘者的才能，就比一般学校的毕业文凭更有可信度。对于人才市场的信息不对称现象，斯宾塞在其博士学位论文《劳动市场的信号》中做了详尽的表述。无论是个人、企业还是政府，当它们不能直截了当地传达其个人偏好或意图时，"信号法"可以提供较大的帮助。例如，举债经营传达出来的一个信号是：公司对未来收益有着良好的预期。名牌商品向消费者传达的一个准确无误的信号是：是一种高含量的创造，就是应该比一般商品更贵也更值钱。当然，如果品牌要保持自身阳春白雪的地位，必须限量生产。这一理论也同样可以解释，为什么企业喜欢向员工分红派息而不是派现金，从信号理论的角度而言，分红派息强烈地表达了公司良好的前景。

斯蒂格利茨在三位获奖人中名气最大，他在几乎所有的经济学领域都有贡献，包括宏观经济学、货币经济学、公共理论及国际事务乃至发展经济学，都有所建树。斯蒂格利茨提出的解决问题的理论模型是，在保险市场中，让买保者在高自赔率加低保险费及低自赔率加高保险费两种投保方式间做出抉择，以解决保险过程中的逆向选择问题。其实，信息不对称现象在现代金融领域的表现更为普遍和突出，尤其在新兴市场和东南亚地区乃至中国大陆，企业骗贷、出口骗税和银行呆坏账的涌现，无不与此紧密相关。

综上所述，失信可以看作是市场主体之间的信息不对称问题，在现实的经济环境中，交易双方所掌握信息可以分为两个部分：一部分是公共信息，即所有当事人都了解的信息；另一部分是私人信息，即只有自己知道、别人不知道的信息。公共信息是双方共有的，私人信息往往就会出现差异。其中，持有较多私人信息的一方具有信息优势，在交易中处于比较有利的地位，而对方则居于信息劣势。信息优、劣势的对比便成了最基本的信息不对称。

在现实的经济活动中，如果交易双方的信息是对称的，则交易双方完全可以通过制定完备的契约来防范失信行为的出现。而在信息不对称的条件，交易中信息劣势一方无法确切地了解和验证交易的真实效用，只能主要依据交易对方所提供的有限资料进行大致的估测和抉择，而信息优势的对方则很有可能故意隐瞒对自己不利的信息以谋求更高的利润，信息劣势的一方试图使交易更加"公平"的努力往往很困难。因此，需要制定某种交易规范和契约，以确保"可能的"交易顺利达成，从而实现对当事人双方都有利或至少对其中的一方有利，同时又不损害另一方利益的"帕累托改进"。这正是不对称信息经济学所要解决的主要问题。

具体而言，从信息经济学的角度看，不对称信息下的失信被划分为两类。

一类被称为"隐藏知识"，是指当事人双方知识的不对称、存在信息占有优势的一方，"隐藏知识"可以被简单地理解为"撒谎"。例如，人们在投保过程中，那些已经患有严重潜在疾病的人投保的动机最高，他们往往隐瞒他们的身体状况，而这类失信行为出现在事前，往往会引发"逆向选择"问题，它是指在信息不对称条件下信息优势方的行为人会故意隐藏信息，以求在交易中获取最大收益，从而使信息劣势方受损。

另一类被称为"隐藏行动"，是指签约时双方都了解有关信息，但签约后一方利用对方不了解的签约后信息，采取不负责任的行为，从而给对方带来损失。"隐藏行动"可以被简单地理解为"欺骗"。这类失信行为往往是由于当事人的行为不能被有效地监督和发现所导致的。

例如，雇主很难监督雇员在工作中是否偷懒，从而引发雇员的失信行为；此外，有时在当事人行为可以被观察到的情况下，也会出现欺骗行为。这是由于当事人的失信行为虽然被观察到，但是，这种行为难以被证实。如在生意交往中的"口头承诺"，一旦后期拒不承认，由于没有有效的证据，法院就难以支持。这类失信行为出现在事后，往往导致"道德风险"问题。

具有信息优势的一方并不一定产生失信行为，只有当他们认定采取失信行为会为其带来盈利（失信所得大于失信所失）时，他们才会失信。例如，在旧车市场中，车主为了获得更高的利润而失信；在保险市场中，投保人为了获得保费而失信。

逆向选择说明了事前（交易前）信息不对称对市场主体信用行为的影响，道德风险则显示了事后信息不对称角度对市场主体信用行为的影响。逆向选择和道德风险广泛地发生于各个市场主体之间，是导致信贷市场、保险市场和劳动力市场上失信行为的根源，大大提高了交易成本，不利于资源的优化配置。

怎样来解决这些问题呢？在社会经济生活中，不对称信息引发的逆向选择和道德风险危害等信用缺失问题是可以通过构建某种机制加以减轻或消除的。这种机制可以提供一个信息共享平台，通过信息的甄别机制、传递机制、信息约束激励机制减少或者消除信息不对称程度，形成"激励相容"。

在信息不对称的现实世界，市场参与者在进行策略选择时往往要考虑的一个问题便是守信还是失信。不同的机制将使市场参与者采取不同的选择。有的机制可能会导致隐瞒和欺骗行为，有的机制则可能促使市场参与者显示真实信息或行动。

如何设计一种机制来规避信息不对称情况下的逆向选择和道德风险问题呢？斯宾塞、罗斯柴尔德和斯蒂格利茨在此方面做出了卓有成效的工作。

斯宾塞研究了信号传递机制，即想办法让拥有私人信息的一方将信息传递给没有信息的一方。例如，在阿克尔洛夫的经典理论——旧车市场模型中，卖者知道车的真实质量，而买者不知道，他只知道车的平均质量，因而只愿意根据平均质量支付价格。但这样一来，质量高于平均水平的旧车就会退出交易，只有质量低的旧车进入或留在市场。其结果是，市场上出售的旧车质量逐步下降，买者愿意支付的价格也随之进一步降低，更多的较高质量的旧车退出市场。最后，在均衡的情况下，只有低质量的成交。在极端的情况下，将导致旧车市场根本不会再有交易。显然，这是一种由于失信所造成的市场失灵。但是，如果拥有私人信息的一方（如旧车市场上的卖者）有办法将其私人信号传递给没有信息的一方（如旧车市场上的买者），则将改变这种市场失灵问题。例如，卖者出示了可信机构出具的车质量的检测报告，则这种信号将传递给买者，从而改进市场的帕累托效率。

斯蒂格利茨的重要贡献则在于信号甄别机制，即让没有信息的一方诱使拥有私人信息的一方披露信息，从而达到甄别信息的目的。这样的例子在现实中很多。例如，借款人向银行借款时，银行可能难以分辨借款人的借款风险，但是，如果借款人将可信机构对借款人信用的评估报告提供给银行，则同样可以达到改进帕累托效率的目的。

在保险市场中也存在这样的问题。如何解决这种保险市场上的失信问题呢？斯蒂格利茨认为，"不存在一个使高丢车概率的人和低丢车概率的人同时选择的保单，这是因为保险市场存在竞争"。因此，保险公司可以设计两份合同 H 和 L，那么，高风险的投保人将选择合同 H，低风险的投保人将选择合同 L。这就是所谓的"信号甄别"。信号传递和信号甄别的区别在于，信号传递是有私人信息的一方先行动，而信号甄别是没有私人信息的一方先行动。但实质上，他们都是一种信号机制，都是为了解决信息不对称下的逆向选择问题。无论是通过信号传递，还是通过信号甄别，都是为了通过有效的信息披露达到使交易各方信息对称的目的，都是解决失信问题的一种途径。例如，通过第三方的"信用评级"制度，可以在签约前对交易对象的信用情况有所了解，从而将非对称信息转变成为对称信息，从而达到防止失信的目的。对于"道德风险"问题，委托人在签订合同时知道代理人的类型，但签订合同后不能观察到代理人的行动，这时委托人就需要设计出一个激励机制，使代理人自觉显示自己的真实行动。而这种激励机制就是制定一定的规则，使代理人自身利益最大化的选择结果与委托人给定的目标一致。具体而言，就是委托人设计一套信息激励机制，能够使代理人在决策时不仅需要参考原有的信息，还要参考由信息激励机制发出的新信息，这种新信息能够使代理人不会因为隐瞒私人信息或显示虚假（或错误）信息，或隐瞒私人行动而获利，甚至有可能使之遭受损失，从而保证代理人无论是否隐瞒信息或是否采取"信息欺骗"行为，代理人所获得的收益都是一样的。因此，代理人就没有必要隐瞒私人信息或采取"信息欺骗"行为，同时也就确保了委托人不被代理人欺骗，防止了失信行为的发生。激励机制的一个基本原则就是代理人作为一个理性人，在该机制下得到的期望效用不小于他选择其他行动时得到的期望效用，即"参与约束"。只有当代理人选择"失信行为"的收益大于他选择"守信行为"的收益时，代理人就会采取失信行为；反之，他就会采取守信行为。

（二）信息不对称的形式

1. 信息源占有不对称

信息是人类社会传播的一切内容，当代社会传递的信息量大、信息多样化、传递速度极快、不受地域阻碍。随着社会信息化在全球范围的快速推进，信息技术的发展和有效应用则导致了不同国家、地区以及不同群体之间的信息资源占有的差距，即信息资源分布的不均衡。信息不仅在国家间流动失衡，在国家内的流动也不平衡，在同一国家的不同地区之间、同一地区的城乡之间存在显著差异，在市场经济活动中，社会主体之间的信息呈不均匀、不对称的分布状态。有的获得信息多，有的获得信息少，从而导致了掌握信息比较充分的人员，往往处于比较有利的地位，而信息贫乏的人员，则处于比较不利的地位，其结果是使当事者利益的获得极不均衡。

2. 信息的时间不对称

信息强调时间价值，谁先获得信息谁将在竞争中处于有利地位。在市场经济条件下，信息不同于普通的商品，由于信息的独特特征，使它难以评价，信息已经成为一种极其重要的商品。产品生产者和消费者之间、合同的双方或者多方之间，由于获取信息时间上的差异，必然会导致较早获取信息的交易者，能够较主动或较准确、较早地做出交易决策选择而获取交易优势，而获取信息较迟的社会主体，在交易中处于劣势，甚至蒙受损失。

3. 信息的非确定性

信息价值需要通过实际的需求来体现，在同一市场上获取交易对象信息的内容的数量不同以及信息质量的差异，势必导致交易者交易成本、利益的差异。由于获取信息的渠道、方式、时空的差异，将使信息在数量、质量等方面表现出信息的不确定性，导致社会主体对于未来状况的分布范围以及状态不能确定。如果信息的获得能有效排除企业在决策时的各种不确定因素，决策过程中信息所能排除的不确定因素越多，信息的价值就越大。

二 博弈论

博弈论是指理性经济人在特定的环境下，在一定的规则约束下，从各种备选策略中选择有利于实现自己利益最大化和既定目标的策略加以实施，并取得相应的收益或者结果的过程。经济学上的博弈，以理性经济人假设为前提，研究博弈市场参与主体的行为相互影响相互作用时的决策以及该决策的均衡问题。开始于1944年冯·纽曼和摩根斯坦（von Neumann and Morgenstern）合著的《博弈论与经济行为》。随后纳什提出了"纳什均衡"概念，系统地阐述了博弈论与经济均衡的内在联系。杜克尔则对博弈论中经典的"囚徒困境"进行了定义和刻画。之后，泽尔腾和海萨尼的研究使得博弈论思想取得了巨大的进展。其中，泽尔腾将静态博弈中的纳什均衡概念运用到博弈的动态分析中，创立了"精练纳什均衡"的概念。海萨尼则把博弈论研究从完全信息拓展到不完全信息，提出了"贝叶斯纳什均衡"，并逐步拓展为"精练贝叶斯均衡"，创立了"不完全信息静态均衡"。随着博弈论中序贯均衡等概念的提出，博弈论逐步成熟并被各种学科所广泛运用。尤其是在经济学领域，1994年诺贝尔经济学奖授予对非合作博弈有着杰出贡献的纳什、泽尔腾和海萨尼。2005年诺贝尔经济学奖再次颁给了对博弈论做出杰出贡献的罗伯特·奥曼和托马斯·谢林。

博弈论在信用领域得到了广泛的应用，在一次性交易博弈中，根据经典"囚徒困境"模型，市场主体都会选择失信，因为这样会给违约者带来更大的收益；但在重复博弈中，交易双方可以通过"以牙还牙"的报复措施或是一个可置信的威胁给予失信者严厉的惩罚，从而达到失信惩戒的目的。

根据一个标准重复博弈中的无名氏定理，只要博弈重复的阶段足够长，维持合作带来的未来收益流的现值就可能大于违约得到的短期收益，那么交易方将维持合作行为，双边的关系契约就可以发挥作用。也就是说，重复博弈能够有效地改变博弈双方的利益和信息结构，遏制市场主体的机会主义行为，促进信用合作。

在复杂的社会经济环境中存在大量的一次性交易，由于信息不对称，容易产生失信行为。在独立的一次性博弈中，市场主体都倾向于利用自身的优势为自己谋求最大化的利益，从而产生失信。例如，商业交易中往往存在"囚徒困境"问题。卖家可能通过提供低质量的产品来欺骗下游厂商，买家也有可能在卖家交付产品后拒绝支付货款。每一方都面临着欺骗对方的行为。如果是一次性交易，即在一个静态的博弈中，博弈方的道德风险会导致一个无效率的纳什均衡，失信产生，合作均衡无法形成。即卖家提供低质量的商品，买家拖欠货款。可见，在一次性交易或交易次数较少的情况下，合作结果的博弈均衡难以达成，在这种情况下，双边博弈中的惩戒想要发挥作用需要更为严格的条件。如信息的迅速传播，只要失信者的失信信息能以较低的成本迅速地传播，就可以发挥惩戒的作用，失信者由于担心声誉受损而导致未来交易的终止，从而会采取守信的博弈策略。如火车站旁的商店，由于其与乘客之间的交易是一次性交易，它有可能出售质次价高的商品，但是，如果商店欺骗消费者的信息可以以较低的成本迅速地传播的话，惩罚机制就会起作用，商店会担心声誉受损而影响未来生意，从而提供高质量的商品。

格雷夫（Greif）的研究表明，只要社区规模不是很大，信息的传递比较通畅，只依靠声誉机制就可以保证交易的顺利进行。如果社区规模比较大，没有血缘、地缘等社会关系的支持，信息收集和信息传递的成本非常高，这时就需要依靠第三方中介组织的力量来实施统一的惩罚措施等。在长期博弈过程中，背叛的惩戒后果如果能够使未来收益的贴现超过现期背叛（失信）的收益，则失信惩戒的威慑作用发挥，信用保障机制就可以形成。因此，交易是否持续性被认为是奖惩机制发挥作用的基础。

目前，我国社会总体信用水平还处于相当低的层次，这实际上是政府机构、企业和个人之间为各自利益相互博弈的结果。诚信是一个纳什均衡，在失信社会中，如果选择诚信，则它的利益必然受损，所以，相互失信是一个纳什均衡。在守信社会中，失信将受到法律制裁和舆论指责，自身利益受损。从博弈论的角度可以对现实的经济、社会问题进行了分析和研究，社会诚信问题就可以用博弈论经典的"囚徒困境"模型来分析。社会主体的信用就是交易中多次博弈的结果，重复博弈会自发地形成博弈主体间的信用机制，出现合作均衡。失信作为一种博弈行为选择，如果市场经济主体交易范围宽，交易对象广，可以随时随地改变其交换对象，交易双方就没有动力让双方的交易长期保持下去。

三 机制设计理论

机制设计理论主要研究在信息不对称情况下当事人之间如何制定合同、契约及对当事人行为的规范问题，即对于任意给定的一个经济或社会目标，在自由选择、自愿交换的分散化决策条件下能否并且怎样设计一个经济机制使经济活动参与者的个人利益和设计者既定的目标一致。即每个人在主观上追求个人利益的同时客观上也达到了机制设计者既定的目标，如果可能的话，是否具有较小的信息运行成本。

经济机制设计理论的基本框架是由美国经济学家赫尔维茨最先提出的。赫尔维茨在20世纪60年代写的题为《资源配置中的最优化与信息效率》的论文拉开了"机制设计理论"的序幕，随后他又发表了《无序需求连续性的显示性偏好》《信息分散的系统》等著名论文，逐步完善其理论基础，1973年赫尔维茨发表的论文《资源分配的机制设计理论》奠定了机制设计理论这门学问的框架。

赫尔维茨把机制定义为一种信息系统，参与者相互传递或同时向一个信息中心报告自己类型的机制，在该博弈中参与者在不同的信息空间获得的支付由事先确定的规则决定，给定各参与者的偏好和信念，不同博弈规则会产生一个或多个均衡。在此框架中，市场或类似市场的制度可与一系列备选制度相比较。1972年，赫尔维茨把关键概念"激励相容"引入分析参与者的自利行为，标志着机制设计理论的诞生。赫尔维茨的"激励相容"是指在市场经济中每个理性经济人都会有自利的一面，并拥有只有自己知道的私人信息，其个人行为会按自利的规则行动来显示自己的私人信息。如果能有一种制度安排，使行为人追求个人利益的行为正好与企业或社会实现集体价值最大化的目标相吻合，这一制度就是"激励相容"。

在赫尔维茨理论框架内，机制是参与者互相交换信息的交流系统，所有的信息在该机制内得到处理和汇总，代理人在支付最大化为目标的动机驱动下，可能会隐藏一些不利信息或报告虚假信息，这就需要对各种机制安排下的支付进行比较，以确定支付最大化的机制。为了找到最优机制，给定目标函数，研究者需设定可行机制集，并确定最佳的评价标准。假设可行机制集是直接机制，以占优策略均衡为标准，且不限定代理人必须说实话，赫尔维茨的"激励相容"概念可表述如下：在某一机制安排下，如果每个参与人的占优策略均衡都是如实报告自己的私人信息，则可以说该机制是激励相容，不管别人怎么样说真话就是一种占优策略。但经典的古巴德—萨特斯维特操纵定理表明，能被占优策略均衡所执行的社会选择规则只能是独裁性的，即好坏由一人说了算。赫尔维茨的"真实显示偏好"不可能性定理说的就是这个道理，在信息分散的个人经济环境里不存在一个有效率的机制使人有动力显示他的真正信息，即满足参与约束的激励相容机制不能产生帕累托最优结果。至此，机制设计理论的框架已经基本成形。

经济机制理论包括信息理论和激励理论，并用经济模型做出了令人信服的说明。经济机制理论的模型由经济环境、自利行为描述、想要得到的社会目标和配置机制（包括信息空间和配置规则）四部分组成，机制设计理论主要解决以下两个问题：

（1）信息成本问题，即所设计的机制需要较少的关于消费者、生产者以及其他经济活动参与者的信息和信息运行成本。任何一个经济机制的设计和执行都需要信息传递。而信息传递是需要花费成本的，因此，对于制度设计者来说，自然是信息空间的维数越小越好。

（2）机制的激励问题，即在所设计的机制下使各个参与者在追求个人利益的同时能够达到设计者所设定的目标。在很多情况下，真实显示信息不满足激励相容约束，在别人都守信（真实显示信息）的时候，必然会有一个人可以通过失信而得到好处。通常情况下，在个人经济环境中，在参与约束条件下，不存在一个有效的分散化的经济机制，能够导致帕累托最优配置，并使人们有动力去显示自己的真实信息，即真实显示偏好和资源的帕累托最优配置不可能同时达到，这时，人们就需要采用分散化决策的方式来进行资源的配置或做出其他的社会经济决策。这样，在制度或规则的制定者不可能了解所有个人信息的情况下，他所要掌握的一个基本原则就是所制定的机制能够给每一个参与者一种激励，使参与者在追求个人利益的同时也达到了所制定的目标，这就是所谓的激励机制设计。

1972年，赫尔维茨引入了激励相容这一关键概念，机制设计理论开始获得广泛应用。激励相容将信息优势方的自利行为与激励结合进行严谨的分析。之后，显示和执行理论的提出对机制设计理论的发展起到了关键性作用。戈巴德是第一个系统阐述显示原理的，之后一些学者进行拓展和扩展，逐步形成了"贝叶斯—纳什均衡"思想。迈尔森在一般化方面发展了显示原理，并开创性地将之应用于规制和拍卖理论等重要领域。此外，普雷斯科特和汤森提出，激励有效的信息结构特征是竞争性的一般均衡。但是，显示原理并不能解决多重均衡问题，既可能出现最优均衡结果，也可能出现次优均衡结果。为了能设计一种机制保证所有均衡都是最优的，马斯金提出了著名的马斯金定理，这后来也成为执行理论的研究基础，而机制设计理论的关键内容就是执行理论。激励相容能够保证真实显示信息是一种均衡，但却不能保证它是唯一的均衡结果。很多机制设计都能产生不同结果的多重均衡。比如，林哈特、日德勒和雷宁格发现，双重拍卖的非线性均衡结果有无限种，这些数不清的均衡福利结果可以从零到有效激励。很明显，无限可能的多重均衡结果大大降低了双重拍卖的吸引力。因此，需要进行机制设计使这些均衡结果对于给定目标都是最优的，从而产生了"执行问题"。而赫尔维茨、格罗伍兹、舒梅勒和和莱亚德的研究表明,在一定条件下,建立一种机制,使所有纳什均衡结果都是帕累托最优是有可能的。马斯金对纳什均衡社会选择函数的一般性进行了系统阐述,并提出了所谓的"马斯金单调"条件,即在假定至少有三个行为人的前提下,如果被称为"无否决力量"的马斯金单调和条件能够得到满足,那么纳什均衡的帕累托最优结果的实现是可能的。之后,瑞普罗、西条和威廉姆斯在马斯金研究的基础上完整地证明了马斯金定理。尽管马斯金只是在充分信息的博弈中考察了纳什均衡,然而其结论却被拓展到很多方面,如不完全信息博弈中的"贝叶斯—纳什均衡""防止重新谈判"均衡中的执行、虚拟(或近似虚拟)执行、序列机制路径等。执行理论对诸如社会选择理论、不完备契约理论等经济社会研究领域意义重大。

综上所述,机制设计理论认为,在存在私人品和公共品的环境下,在信息不对称和分散化决策下,存在一种经济机制使人们在理性的自利行为下(如纳什策略)使整个社会资源达到帕累托最优。其利用对策论,把微观个体放在存在利益冲突的博弈环境中,采取多种行为模型结构及多重评价标准,用理论描述现实经济生活中分散化的决策、多元化的利益、复杂化的微观动机。机制设计理论强调信息的作用,从激励和信息两方面考察经济机制,既可考察经济机制的效率,又可考察经济机制的运行成本。

四 新制度主义理论

新制度主义理论是由美国经济史学家道格拉斯·诺思等在20世纪70年代创立的。他将制度因素引入经济史研究中,并发现了制度与制度变迁在长期经济增长与停滞中所起的作用,建立了一套"制度—选择—经济和社会结果"的新制度经济学分析框架和方法。

制度既是新制度主义的核心概念,也是制度分析方法的理论基石和逻辑起点。但是,对于制度的定义,不同的经济学家却有不同的看法。

诺思认为,制度可以看作一个社会的游戏规则,是社会中个人所必须遵循的一套行为规范。作为约束,规范人们的相互行为的指南,制度抑制着人际交往中可能出现的机会主义行为，帮助人们形成对别人行动的预期。

科斯的交易成本理论指出，社会交易是有成本的，如果在资源的配置过程中没有规则可循，任凭"看不见的手"对资源进行配置，则资源的利用一定不会达到帕累托最优状态，其结果不是经济的繁荣，反而是经济混乱。因此，只要存在交易费用，那么，就需要建立相应的制度来降低交易成本，这是资源稀缺性和交易费用的必然结果。

康芒斯认为，制度就是"集体行动控制个体行动"，霍奇逊认为，制度是"通过传统、律约束的作用，力图形成固定的、规范的行为模式的一种社会组织"。"制度是人们确定权利、对他人所承担的风险、义务和责任的具有约束力的关系束。"

制度的中心含义是从拉丁语动词 instituere（创立或建立）派生而来的，它表明一种已确定的活动形式，或者结构的结合。在新制度主义的理论框架中，对制度的最初理解是将其看成是一系列规则、组织和规范等。

"制度是一系列被制定出来的规则、守法程序和行为的道德伦理规范，它旨在约束追求主体福利或效用最大化利益的个人行为。""制度提供了人类相互影响的框架，它们建立了构成一个社会，或更确切地说，构成一种经济秩序的合作与竞争关系。"这种制度定义强调的是一种关系、一种约束。如约束婚姻的规则、政治权力配置规则、资源与收入的分配规则，货币、公司、合作社、遗产法和学校等都是制度。作为一种规则，制度通常被用于支配特定的行为模式与相互关系。

诺思将制度分为正式制度和非正式制度。

正式制度是指"人们有意识创造的一系列行为法则"，是以正式方式加以确定的各种制度安排，包括法律、法规、政策，以及具有约束作用的组织规则。正式制度往往被自上而下地强加和执行。它由的权威机构以有组织的方式来执行惩罚。例如，司法制度，对违反正式制度所施加的惩罚以各种正式的方式强加于社会，并可以靠法定暴力（如警察）的运用来强制施行。此外，群体组织内以正规方式发挥作用并强制执行的规则也比较普遍。例如，足球场上的"黑哨"，会被裁判员协会永久地驱逐出比赛；贸易中的纠纷往往由行业协会的规则来仲裁和解决。这种需要由第三方强制执行来使契约承诺具有可信赖性的机制，是一种较为有效的失信惩罚机制。

非正式制度是指"人们在长期交往中无意识形成的，具有持久生命力，并构成代代相传的文化的一部分"，包括习惯习俗、伦理道德、文化传统、价值观念、意识形态等对人们行为产生非正式约束的规则。违反非正式制度通常会受到共同体中其他成员的非正式惩罚，例如，在西方，如果你肆意横穿马路，你会受到大众的谴责；说谎的孩子往往会被禁止与其他孩子玩耍。

正式制度和非正式制度的区分，有助于说明制度对信用的影响，有助于区分不同制度作用于信用的不同着力点。

制度能够抑制人们的机会主义行为，提高社会信用度，促进良好的社会信用氛围。

制度是约束个体行为、形成人类相互作用的正式和非正式规则，制度随个人在社会的地位变化而变化。制度尤其是失信惩戒机制为交易主体收益最大化选择提供压力，使其在做出决策时考虑对方惩戒后果，从而避免失信行为的发生。

制度具有强制性，制度是集体意志的体现，没有制度，也就没有统一有效的行动。制度的强制性就表现在无论个人愿意与否，都得执行，否则就会受到处罚。制度虽具有强制性，但一个人只要能够正确认识制度的意义，提高遵守制度的自觉性，也就会养成一种良好的习惯，甚至成为一种美德。

当前，我国社会信用缺失的关键原因是缺乏信用奖惩制度，失信者得不到惩戒，守信者得不到褒奖，因此，经济社会形成了失信的路径依赖和自我强化机制，导致社会充斥着大量的失信败德行为，并有愈演愈烈之势。因此，迫切需要构建对失信行为人进行惩戒的奖惩机制。通过这种制度来改变原来的路径依赖，形成新的自我强化机制。

林毅夫（1989）认为，经济社会存在两种类型的制度变迁：一类是诱致性制度变迁；另一类是强制性制度变迁。前者是现行制度安排的变更和替代，或者是新制度安排的创造，它由个人或一群（个）人，在响应获利机会时自发倡导、组织和实行，是一种自发性变迁。与此相反，强制性制度变迁是由政府命令和法律引入和实行的。它具有制度供给速度快、易于实现预期目标和节约博弈成本的优点。制度安排可以有多种多样的形式，使失信行为人受到惩戒和威慑，无法在社会立足，引导市场主体的行为，自觉守信，形成良好的社会信用氛围。

信用奖惩机制的构建是现代社会信用体系中最为重要的制度安排，这种制度安排可以有多种多样的形式，既可以是正式的制度安排，形成法律、政策规章、合同等，也可以是非正式的制度安排，体现在人们的观念意识或行为习惯中；既可以是由政府来做出强制性的制度安排，也可以是个人或团体之间的自愿约定。信用奖惩机制就是一系列的正式制度安排和非正式制度安排，使失信行为人既受到法律法规、合同等行政监管性惩戒、司法性惩戒等正式制度安排的约束，也受到市场性惩戒、行业性惩戒、社会性惩戒等非正式制度安排的约束，形成多种惩戒方式共同作用的、多层次全方位失信惩戒体系。它通过以上这些惩戒手段的综合运用，形成一种机制，形成经济运行中的规则和内在机理，从而将失信行为置于全社会的监督控制之下，使得失信者"一处失信，处处受制约"，难以在社会中立足和进行正常的信用交易，使守信者受到褒奖、通过强制性制度变迁，改变原始路径依赖，形成新的自我强化机制，约束和引导市场行为，并最终形成健康的市场经济秩序。

五 不完全契约理论

不完全契约理论是由格罗斯曼和哈特（1986）、哈特和莫尔（1990）等共同创立的，因而这一理论又被称为 GHM 理论或 GHM 模型。

现代经济学中的契约是指一项协议，即两个愿意交易产权的主体所达成的合意。不仅包括具有法律效力的明示契约，也包括一些默认契约。因此，现代经济学中的契约概念实际上是将所有的市场交易都看作一种契约关系，并将此作为经济分析的基本要素。新古典契约论假定契约的完全性，如契约对当事人影响只限于在缔约双方之间发生，对第三者不存在外在性，每一个契约当事人对其条款和契约结果具有完全信息等。但是，在现实生活中由于有限理性和机会主义倾向、交易成本的存在、外部性和信息的不对称，完全契约是不存在的。

罗伯特·科斯（1937）是第一个从经济学角度提出契约不完全性的。他认为，"因为难以预测，有关商品或劳务供给的合约期限一长，买方明确卖方该干什么是不可能，也是不合适的"。此后，威廉姆森（1979）、夏瓦尔（1980）、克莱因（1980）和戴伊（1985）也都提到过契约的不完全性。格罗斯曼和哈特（1986）、哈特和莫尔（1990）通过建立数学模型，构建了一个 GHM 分析框架，从而奠定了不完全契约理论规范框架。

契约的不完全性也受到了法学和法经济学领域的广泛关注，不过，法律上的契约不完全性和经济学上的不完全性是有差异的。在司法实践中，契约的不完全性倾向于界定为责任或功能的不完全，而经济学上的不完全性主要是指契约或者合同双方没有充分信息依赖。此外，研究政治哲学领域的罗尔斯于 1971 年提出了"无知之幕"，这实际上也是一种不完全契约。对于不完全契约产生的结果，克莱因（1978）、格劳特（1984）、威廉姆森（1985）、蒂罗尔（1986）等分别从不同方面指出，契约的不完全性会导致投资无效，而格罗斯曼和哈特（1986）、哈特（1986）、哈特和莫尔（1988）则分别从合作博弈和非合作博弈的角度首次对此进行了严格规范化的证明。

为了解决契约的不完全性，不同学者从法律干预、赔偿、结构治理、产权和履约等不同视角给出了解答。

法经济学界的干预学派提出从法律干预视角，来弥补由于契约不完全所造成的无效率。典型的如施华兹（1992，1994）提出，如果是由于高昂的交易成本造成了契约的不完全性，在特定条件下，国家可以提供某种形式的"默认规则"，如果能够确定是缔约成本导致了契约的不完全，那么，在合同条款可证实的前提下，法庭的强制执行合约一般会优于提供默认规则。因为不可证实的条款不会写入合约，因此，这种情况下国家即便提供默认规则也会是无效的。一些学者的研究表明，在双方不对称信息客观存在的前提下，法庭的裁决可以迫使具有信息优势的一方主动显示真实信息。因此，他们主张通过法律干预途径来减少契约不完全所造成的效率损失。然而，法律干预有相当苛刻的前提条件，法律干预的有效性必须以具有大量同质性或者类似的相关案件为前提，并且法庭掌握的信息至少不少于当事人，而这在现实中很难实现。因此，法律干预理论虽然受到法学界的青睐，却遭到其他学科的普遍质疑。

一些学者从赔偿角度提出了解决路径。在契约不完全下，由于不可预见的可能性，会出现事后价值低于成本的现象，此时违约对合约方来说是帕累托改进的。在法经济学研究中，一些学者提出，从预期损失和依赖损失赔偿角度来解决契约不完全。预期损失赔偿是指违约方要补偿对方本次契约带来的机会收益，依赖损失赔偿是指违约方不仅承担对方因该交易而丧失的其他交易机会，还要赔偿对方所做的专用性投资。夏瓦尔（1980）提出，可以用赔偿作为解决不完全契约的手段，并论证了上述两种措施都会导致投资过度。不过，预期损失赔偿会优于依赖损失赔偿。之后，罗杰森（1984）与埃德林和雷奇尔斯坦（1996）分别从允许再谈判时的情况和选择性契约的角度进行了考察，并得出了相似的结论。

由于实践中法律干预和赔偿对于解决契约不完全作用甚微。于是，以威廉姆森和克莱因为代表的新制度经济学家在前人研究基础上主张通过企业、市场、官僚组织或科层以及混合形式（抵押、互惠、特许经营等）等多种治理结构来解决契约不完全导致的违约失信问题。这种治理结构的选择以交易费用最小化为原则，把任一交易都看作一种合约，不同的治理结构针对不同交易费用的契约。由于契约不完全是客观存在的，市场主体具有机会主义倾向，契约越是不完全，就越需要配备强制性政府控制特征明显的治理结构，在经济学界，市场和政府被认为是应对契约完全和契约不完全两种极端情况下的治理结构。

产权视角被称为狭义契约不完全治理视角，以哈特和莫尔等为代表的企业产权理论研究者认为，通过企业内部一体化可以降低交易费用，减少机会主义行为，这是规范的不完全契约模型在企业理论及相关领域的应用。

履约视角也是解决契约不完全的另一视角。以莫尔和雷乌普罗（1988）以及莫尔（1992）为代表的履约理论认为，在不考虑谈判的情况下，可以设计一个多阶段信息博弈，形成一种简单的选择性契约，使任何偏离均衡的一方都会付出一定的代价，从而博弈方诚实履约达到帕累托均衡结果。由于在实践中谈判和再谈判的不可避免，钟（1991）等学者开始从再谈判设计角度，探讨一种履约机制，可以实现社会最优的专用性投资。马斯金和莫尔（1999）概括了不完全契约的履约机制，不完全契约的履约理论至此相对比较完善。

本书认为，由于契约不完全性的客观存在，导致机会主义产生和失信行为发生，而奖惩机制是保证契约实施的一种节约交易成本的机制。有利于消除信息不对称，降低交易成本，消除不完全契约带来的效率低下问题。因此，奖惩机制的建立有利于契约的达成和履行，它规定了未能履行合约义务时的惩戒措施，通过这种惩戒机制排除契约的不确定性及推理性，使守信守约成为普遍的基础和客观标准，同时，奖惩机制约束背景下的契约关系打破了血缘、地缘、族缘等传统信用的限制，使任何个人、组织、国家之间建立广泛的信任成为可能，引导市场主体诚实守信，社会经济健康发展。

第四章 信用奖惩机制构建的国际经验及启示

在信用管理体系中，信用奖惩机制是其非常重要的组成部分，在其运行过程中，授信单位通过企业和个人征信数据库等记录和信用信息的公开，积极有效地约束社会各经济主体信用行为。信用奖惩机制主要包括震慑功能、惩罚功能和奖励功能这三大功能以及主动出击和覆盖全面这两大特征。具体来说，信用奖惩机制力求将失信的动机消灭在萌芽状态中，将会对潜在失信者起到警示震慑和事先约束的作用。信用奖惩机制既可以对发生失信行为的经济主体进行有力的惩罚，也可以通过对诚实守信的消费者和商户的物质和声誉奖励产生示范作用。从特征来看，信用奖惩机制具有覆盖面广和主动出击的特征。具体来说，在信用奖惩机制的作用下，失信者的失信记录可在全国甚至全球范围内传播，其覆盖面相当广泛。与此同时，信用奖惩机制会以主动出击的方式对失信行为进行迅速的惩罚，有时甚至在失信者不知情的情况下实施打击。

第一节 发达征信国家信用奖惩机制的状况

目前，世界居于领先地位的征信国家主要以欧美等发达工业国家为主，健全的信用管理法律和完善的信用管理服务是这些征信国家最明显的特征。在这些征信国家里，各项征信活动早已深入经济社会生活的各个领域，个人和企业的征信制度非常完善，在社会经济生活中发挥着不可替代的作用。

一　美国信用奖惩机制的有关规定

美国是世界上信用制度相对比较完备的国家之一，美国经过一个多世纪的时间建立起一系列规范信用交易秩序的法律法规，明确了失信惩罚机制，形成了比较完善的信用制度。在此过程中，美国的失信惩戒机制的特点是：通过完善的法律制度和信用中介机构来规范市场主体的行为，政府在此过程中仅负责法律支持和监管。为此，我们选取美国几部比较有代表性的信用管理法律来介绍美国失信惩戒机制的相关规定。

（一）《公平信用报告法》

以《公平信用报告法》（FCRA）为核心的一系列法律是美国信用管理的相关法律框架，它们为美国信用管理制度高效运行提供了基础法制环境。20世纪70年代初，美国市场上开始大量出现以个人信用局对消费者信用评分作为授信依据的消费者信用调查和报告机构，为了有效地保护消费者的合法权益，《公平信用报告法》出台，并于1971年4月开始生效。

该法律是信用报告行业的基本法律，它通过对消费者信用调查和报告机构进行规范的定义，明确了负责解释和执行法律的三个政府部门，以及消费者个人对信用调查报告的权利和消费者信用调查机构的经营方式，并据此规范了信用调查机构对信用报告的制作和传播以及对违约记录的处理等相关事项的具体操作流程。具体来说，该法律规定：为了充分了解自己信用状况的评分依据，消费者可向信用当局索取自己的信用调查报告，并可据此对不实负面信息进行申述。在任何调查或报告机构的征信数据库中，企业优良的信用记录会被永久保存，而失信和破产记录最多会保留十年。而对于消费者在征信数据库中的负面信用信息，在超过法律规定的保存年限后应在调查报告上予以删除。这些都极大地鼓励了企业和消费者的诚信经商行为。此外，该法律还以对消费者信用调查和报告机构处理争议的方式，以及联邦贸易委员会对该法律条款细节内容的解释权做出了具体规定。此后，为了进一步统一信用行业全国标准，更好地保护消费者权益，美国国会陆续对该法案进行修改和增补，有针对性地对一些新出现的社会问题进行规范。

（二）《诚实租借法》(《诚实借贷法》)

《诚实借贷法》于1969年7月开始生效。为了使消费者能够从多个方面比较不同授信机构发放的消费信贷的条款，并据此筛选出适合自己的消费信贷，该法案要求各类授信机构和赊销商主动健全信息披露，以有效防止消费者在信息不对称的条件下选择不恰当消费信贷。该法律规定：为了让消费者充分了解诸多信用条款的效果和用途，使消费者能够在知识充足的情况下使用该信用条款，一切信用交易的条款必须向消费者公开。在此基础上，对授信机构向消费者披露信息的内容、范围和表述方式等方面进行了细化。

在消费信贷发放过程中，《诚实借贷法》通过有效的指导和规范信息披露，使消费者能够根据自己的意愿选择授信机构，充分解决了授信机构和消费者之间信息不对称的情况，据此维护了金融机构之间的公平竞争。它是美国消费信贷市场公信度的法律基础，使消费者的知情权有了现实的法律支持，是美国消费信贷法律体系中最根本的法。该法案规定：如果授信机构披露的信息不正确，或者没有依法充分披露信息，该机构将为此所导致损失而遭到起诉。如果消费者诉讼成功，他可以申请要求得到贷款金额两倍的赔偿，并无须支付律师费用和法庭审理费用。

（三）《公平信用结账法》

《公平信用结账法》于1975年10月开始生效，以完善对《诚实租借法》的修改。为了充分有效保护消费者的权益，该法案通过了以禁止信用卡公司和其他授信方提供给消费者不公平的信用条款和不准确的收费解释等主要内容。该法规定：第一，消费者可以在收到账单的60天以内，对认为是信用卡或其他信用销售收费账单的不正确信息，向授信人以书面形式提出正式申诉。第二，如果授信人在有争议的部分是正确的，它只需给出消费者新账单和正式的书面解释即可，并可以向消费者收取在申诉期间暂停收取的费用。反之，授信人则必须相应地更改它在有争议部分出现错误账单，消费者则无须对此部分付款。第三，消费者还可以采用对购物或付费服务退货的方式来应对有争议消费的部分。此外，授信机构每年至少需要两次以书面形式向消费者声明其公平结账的权利，在授信人违反上述法律条款或者没有按照上述程序办理的情况下，无论收费是否合理，消费者仍有权对授信人提起诉讼。

除相关法律之外，美国的官方信用中介机构、民间信用管理机构和一些信用管理协会也通过资信评级及资信调查、组织征信企业交流，以及组织职业资格培训等方面提供相应的服务，在征信活动中也扮演了重要角色。

二 欧洲国家信用奖惩机制的相关规定

欧洲绝大多数国家都是市场经济比较发达的国家，因而信用法律制度比较健全。欧洲国家通过规范信用管理行为相关的立法，严格约束市场主体的失信行为，逐步完善失信惩戒机制。欧洲国家信用惩戒机制的特点是：通过有效的制度设计，使失信者的失信成本大幅提升，使其在社会生活中遭遇诸多不便，进而有效控制社会上的失信行为，最终为整个社会营造良好的诚信氛围。为此，我们选取德国、英国和法国作为代表来介绍欧洲国家失信惩戒机制的相关规定。

（一）德国：多部法律奠定信用体系的基石

尽管德国没有专门的信用管理法律，但却依靠民法、商法、信贷法和数据保护法等法律中关于信用管理的相关规定，有效地保障了社会信用制度及管理体系的高效运行。因此，德国诚信氛围的形成主要是依赖完善的社会信用制度和管理体系，而并非出于独善其身的道德自律。为此，我们可以从信息公开、隐私保护和信用监管等方面来具体分析。

在破产债务人名单的建立、公布和销毁等信息公开方面，德国《民事诉讼条例》规定：无偿还能力的债务人可到地方法院申请破产，破产的债务人在未来三年内将无权享受银行贷款和分期付款等信用消费，地方法院将定期登记整理破产债务人名单，并在全国范围内予以公布。在个人信用数据的获取、保存和使用等保护个人隐私方面，德国《数据保护法》规定：只有以公正合理的方式收集消费者的信用资料，才能被征信机构所使用；征信机构禁止在信用报告中公开消费者收入、消费习惯和银行存款等内容，并应及时删除超过法定记录期限的信用记录；征信机构的数据处理人员有为消费者保密的义务，征信机构只能在法律允许和客户同意的情况下向客户提供其保存的信用数据。在信用监督方面，德国《信贷法》规定：联邦金融服务监管局对银行等金融机构负有主要的监督与管理职责，该机构通过构建完善的信息共享机制来掌控银行业内部的信用风险，进而有效地避免经济下行周期信用风险的集中爆发。而对掌握个人数据的政府机构和信用服务机构的监督及指导则主要由联邦政府及各州政府设立个人数据保护监管局来实行。

在德国，失信者的记录将被信用局保存和公示五年；除非债务得到提前偿还，否则，个人破产记录被保存和公示30年。受此影响，有过不良信用记录的消费者将会遇到诸多不便之处，比如，商家可能会拒绝向其发放消费信贷，商业银行可能会拒绝其贷款申请或要求其支付较高的利率等。因此，德国失信者的失信成本很高。

（二）英国：多种奖惩手段并用的典范

面对失信的问题，英国政府和有关机构以名誉、经济和刑事等多种奖惩措施，通过加强对失信者的惩戒和曝光，促使人们遵守法律，保持诚信。这主要体现在对失信者的严厉惩罚和对守信者的表扬与肯定这两个方面。一方面，失信者将会受到严厉的惩罚。英国的《消费信贷法》规定：个人失信记录被信用局保存和公示6年，个人破产记录被保存和公示15年；企业如果逃税行为被发现，公司历年的账目都将接受调查并被处以几十倍的罚款，以对个人和企业形成的失信行为形成长久的威慑。另一方面，常年忠于职守、服务社会的普通人，会作为守信者的代表，在每年的新年和女王生日时被授予荣誉勋章，以表彰其诚实守信的行为。

我们可以以《消费信贷法》为例，来分析其对民间借贷的保护和规范，这主要体现在以下几个方面：首先，英国经过多年立法实践，于1974年制定统一的《消费信贷法》，消除了制度间的冲突和不统一，提高了立法和执法的协调性。英国消费信贷和租赁信贷市场的充分发展和相关立法经验的积累是英国统一立法的基础。其次，消费信贷交易制度不断完备。这些制度涵盖了合同的订立、履行和终止，债务的管理和追偿，以及行政裁决和司法介入等各个方面。最后，《消费信贷法》通过在信息披露制度方面的细致严格要求和授予借款人特定的合同撤销权等方式逐步完善对借款人的保护制度。

因此，英国是通过奖罚分明的措施，明确倡导了社会的道德取向，在社会中倡导和树立一种诚实守信的氛围，为了保持尊严、不失去朋友、不被主流社会所抛弃，每个人都不得不保持自己的诚信。

（三）法国：灵活惩戒手段的代表

失信惩戒机制是法国建设诚信社会重要实现手段，也是企业和个人信用制度建设的重要组成部分。在法国，政府是信用体系建设的主导，通过政府出资建立全国数据库，组成全国性的调查网络。

在健全的公共信用登记机构和完备的信用法律体系的基础上，法国的失信惩戒机制可以充分发挥其规范企业和个人守信行为的作用。一方面，公共信用信息登记系统不仅记录企业正面信息，同时登记企业负面信息，并在全国范围内对失信企业进行监控和严厉惩罚，通过司法配合使得信用记录不良的企业，不但被消费者抛弃，也很难找到与其合作的商业伙伴。另一方面，为了加大失信者的失信成本，公共信用登记机构将个人信用报告及时向所有授信方公布，进而达到增强个人守信意识，规范个人信用行为和完善市场秩序的目的。

我们可以以个人信用为例，分析法国的失信惩戒机制的主要特点：首先，法国个人信用制度建设的核心是公共信用登记机构的建立和发展。法国的公共信用登记机构是由政府当局成立，从事个人信用信息服务，并由中央银行直接管理的信息中介机构。它不仅是中央银行取得监管信息的重要渠道，还能够起到信用风险防范的目的。公共信用登记机构在信息的采集、整理等方面广泛地通过网络数据传输等现代化手段实现对客户信息的实时更新、管理，不仅充分提升了信用信息的准确性和及时性，还在一定程度上节约了信息收集和整理节的成本，极大地提高了信息管理的效率。其次，法国个人信用制度建设顺利进行的必要保证是完备的信用法律体系。法国政府建立了较为完备的信用管理法律体系，它涵盖了个人隐私的保护，以及个人信用信息的收集与使用等诸多方面,并且每一项法律都随着经济的发展状况而进行修改。最后,法国个人信用制度建设健康发展的有力支撑是政府对个人信用行业的管理。中央银行在此过程中起到了至关重要的作用,有关信用信息的收集和使用等相关方面的相关制度主要由中央银行牵头制定和执行,对公共信用登记机构的监管也主要由中央银行来承担。

第二节 发达征信国家信用奖惩机制方面的经验

欧美等征信国家的失信惩戒制度经历了一个多世纪的实践,各方面相对比较完备。我们通过对欧美等发达国家失信惩戒机制的分析,能够充分借鉴欧美等发达国家的实践经验,并在此基础上积极完善我国现行的失信惩戒机制。

一 完善的信用法律、法规体系

欧美等发达国家失信惩戒机制都是以完备的法律、法规体系构建为基础的。例如,美国有《信用公平报告法》《平等信用机会法》《诚实租借法》等十余部信用管理法律、法规来维护企业和个人的信用管理制度。英国有《消费信贷法》和《数据资料保护法》等法律法规以及多种奖惩手段来有效地规范信用管理服务者的行为,维护社会信用管理制度的正常运行。德国有《反不道德支付法》《商典法》和《信贷法》等信用管理法律、法规保证企业和个人的信息畅通,并规范信息机构的信息收集和使用行为。因此,欧美等征信国家的相关信用法律法规都规定了失信行为的法律边界和不同程度失信行为的惩处力度,通过完备的信用法律、法规体系明确了企业和个人信用信息的保护方式和使用的条件,进而构建起国家失信惩戒机制高效运作的法律环境。

欧美等征信国家在此基础上通过完善的征信机构监管框架来保障失信惩戒机制的顺利实行。以欧盟为例,多数欧盟国家通过设立专门的数据保护机构来维护个人作为数据主体的合法权益,并监督征信机构法律法规的执行情况，以实现恰当地平衡信用信息分享和个人隐私权保护的征信立法宗旨。在相关指令方面，主要有以下几点：首先，欧盟1995年颁布的《涉及个人数据处理的个人权利保护以及此类数据自由流动的指令》（以下简称《数据保护指令》），规定了征信信息的收集、保存、处理、获取和删除规则，违反该指令的法律责任以及在欧盟内部以及欧盟外部各国之间的跨国界征信信息的流动规则。《数据保护指令》成为欧盟征信机构存在和运行必需的前提和基础，其赋予了借款人在其个人征信信息数据被使用时享有的一系列权利，对公共征信机构和私人征信机构使用个人征信数据做出了严格限制。此外，在监管层面上，《数据保护指令》倡导欧盟各成员国层面成立相应的征信机构监管部门和欧盟层面的个人数据保护工作组，确保该指令的实施。其次，欧盟《消费者信用指令》第8条和第9条分别对信用获取义务和征信机构信息数据库获取的问题做了规定。该指令强调征信机构获取充分征信信息以进行信用评估的重要性，同时对个人获取征信数据库信用信息的适当性进行了说明，征信机构必须遵从数据保护法案，确保数据主体可以无歧视地获取征信机构数据库的个人信用信息。最后，欧盟《资本要求指令 IV》和《资本要求规则》对于征信机构的规定、征信报告系统和征信机构的活动有重要影响，对用于信用风险模型评估的征信数据规则做了明确规定，并且要求对个人信用评价必须出于谨慎目的。

二 发达的信用服务市场

欧美等征信国家失信惩戒机制的顺利运行都是以发达的信用服务市场为依托的。以美国为例，美国的信用服务市场主要是通过不同类型的征信公司开展商业运作形成的，经历了百余年的发展，美国信用服务市场已经相对集中，征信企业主要有以下三种类型：一是以穆迪和标准普尔为代表的资本市场征信机构，它们主要对国家、投资银行及大型上市企业等机构进行信用等级评价。二是全国信用管理协会、邓白氏集团、克莱勒商业信息集团等为代表的商业市场征信机构，它们主要对各种类型的企业进行信用调查评级，并帮助其追收账款等。三是以全联公司、益百利公司和伊科法克期公司为代表的消费者信用评级机构，它们主要以合法的方式和手段收集消费者的个人信用记录，并在此基础上通过整理归纳收集的信息，制作消费者的个人信用调查报告，以向金融机构、工商企业和公共机构等符合法律规定的使用者提供个人的信用状况。因此，美国的信用服务市场经历了百余年的发展，经过激烈的竞争和优胜劣汰之后，形成了以成熟的市场主体、健全的中介机构和有效的管理体制为特征的信用服务市场。

三 健全的信用监管机制

欧美等征信国家失信惩戒机制的平稳运行都是以健全的信用监管机制为保障的，这主要是通过明确政府和行业的监管职能来实现的。在政府监管方面，以德法等欧洲国家为例，中央银行作为征信机构的一部分，负责对征信机构的监管，以及收集和使用个人信用信息的法律法规的执行及监督，如表4-1所示。在行业监管方面，行业协会在各国征信体系建设中发挥着重要的作用。通过行业协会建立更加明显和具体的行业运作规范，强化本行业的自律机制是欧美等征信国家普遍采取的健全信用监管机制的重要措施。例如在美国，以美国征信局联合会、信用报告协会和信用管理协会等为代表的民间行业协会，在完善信用监管机制方面，通过行业自律有效地辅助了政府的监管。因此，欧美等征信国家通过明确政府和行业的监管职能，有效地健全了信用监管机制，保障了信用惩戒机制的平稳运行。

我们可以以欧盟的征信监管机制为例来具体分析。

首先，在征信数据信息收集方面，第一，从欧盟征信机构征信信息收集的来源来看，欧盟公共征信机构通常根据各国法律的强制规定，如决定是否授信的金融机构处收集、获取正面信息和负面信息，以及个人和法人破产记录等。私人征信机构收集来源广泛，信用数据收集门槛很低。私人征信机构的信用信息源主要是银行、租赁公司和信用卡公司，此外，还涉及政府部门、法院、按揭贷款提供商、保险公司、自来水、电力、天然气等公共事业公司、通信公司、消费金融公司、P2P出借人以及其他中介机构等。第二，从征信信息的范围来看，欧盟各国对于什么信息可以收集、什么信息不能收集的规定各不相同。征信信息通常包括个人身份识别信息和个人信用状况信息。欧

表 4-1　　　　　　欧盟成员国的征信机构和法律法规

国家	监管机构	适用法律
德国	联邦数据保护局	德国联邦数据保护法
法国	国家信息与自由委员会	法国数据处理、数据文件及个人自由法
英国	数据保护专员	数据保护、消费者信用法、SCOR 互惠原则等
比利时	财政部、经济事务部	中央个人征信登记法
丹麦	丹麦数据保护局	个人数据保护法
荷兰	荷兰数据保护局	个人数据保护法
希腊	数据保护局、国会	个人数据保护法
挪威	数据保护局	个人数据
波兰	经济部、个人数据保护总视察员	银行法、个人数据保护法
瑞典	司法部、数据保护委员会	征信机构法
意大利	数据保护局	数据保护法、行为准则
爱尔兰	数据保护局	数据保护局规章
斯洛伐克	数据保护局	个人数据保护法、银行法、商典法

资料来源：李欣：《论欧盟征信机构监管法律制度》，《中国征信》2015 年第 11 期。

盟征信机构在个人信用状况信息的收集范围方面包括正面信息和负面信息。正面信息主要涉及借款人收入状况、债务状况、贷款数量和类型、币种、贷款利率、到期日、担保状况、历史还款记录、分期付款状况、自来水和天然气等公共公司，以及通信公司等公私合营机构的个人信用记录等信息。负面信息主要涵盖贷款债务违约数据、迟延付款（逾期）数据、拖欠记录以及破产记录、欺诈记录、司法判决状况等信息。尽管在欧盟大多数成员国，征信机构可以收集和处理各种信息，但是，由于法律框架、国别基础设施以及文化偏好等因素的差异，丹麦、芬兰、法国和马耳他等欧盟成员国征信机构并不会提供和储存正面信息。第三，从征信信息的除外范围来看，并非所有的个人信息都应该纳入欧盟征信机构采集的个人信用信息范畴，以满足欧盟国家保护个人隐私的需要。在此基础上，征信过程还应尽力排除潜在的非属信用评估参考范围的歧视行为。如表 4-2 所示，欧盟《数据保护指令》第 8 条规定了禁止征信的允许条件，原则上涉及借款人的种族或者民族、政治主张、宗教或哲学信仰、工会会员身份以及与健康或性生活相关的个人信息，征信机构禁止收集个人敏感数据。综上可以看出，欧盟各国征信机构的政府监管部门原则上严格禁止征信机构从事相关个人敏感数据收集，即非征信数据是被禁止收集和储存的。

表 4-2　欧盟《数据保护指令》第 8 条规定的禁止征信的允许条件

情形	
情形 1	借款人明确同意，并且成员国法律没有排除个人同意的禁止性规定
情形 2	数据控制人为了实现劳动法赋予的权利和履行有关义务，并采取了充分的数据保障措施
情形 3	在借款人因生理或者法律原因无法做出同意的意思表示的情况下，征信机构为了保护借款人或其他人的重大利益
情形 4	政治、哲学、宗教或者工会性质的基金会、协会或者非营利组织进行合法组织活动的需要
情形 5	借款人主动公开个人信息或者在诉讼中行使法律上的请求权所必需
情形 6	数据控制人（医疗机构）基于预防和诊断疾病、护理或者治疗目的所必需，以及根据国内法律或者规章规定负有职业保密义务的医生和负有同等义务主体基于上述目的所必需
情形 7	成员国基于公共利益需要，可以依据国内法律规定或者监管机构决定做出特别规定，对于公民民事判决、行政处罚、犯罪和刑事判决信息应当由各国官方机构进行数据收集和处理
情形 8	基于新闻目的或者文学艺术的表达自由的考虑，成员国可以做出例外或豁免的规定

资料来源：李欣：《论欧盟征信机构监管法律制度》，《中国征信》2015 年第 11 期。

其次，在征信数据信息的处理方面，欧盟数据保护法律框架直接适用于征信机构征信数据处理的整个流程。在欧盟境内，所有征信机构都必须遵守各国为贯彻《数据保护指令》第 7 条关于数据处理流程的法定标准而制定的各国国内法，保证个人数据记录、组成、改编或变更、修复、查询、通过传输、分发或任何其他方式的披露、排列或组合、隔离、删除或销毁等方面处理程序的透明度与公开性，确保个人的知情权。在个人信用数据处理的方面，征信机构要确保在采用计算机数据处理技术等自动化手段以及其他方式的个人数据处理的保密和安全，避免征信信息的非法泄露、破坏、遗失和拦截。此外，欧盟对于私人征信机构信用评分机制做出了明确规制。一般来说，借款人的信用分数通常被贷款人用来作为判断是否授信的额外标准，并远远超过了信用历史数据的价值，只是信用分数的评估对于不同类型的借款人需要适用不同的信用评分表和权重。

最后，在征信数据信息的储存方面，欧盟《数据保护指令》对征信机构征信数据信息的储存时限只做了原则性规定，要求数据保留期限不得长于实现数据收集或处理的目的所必需的期限。但是，由于各国数据保护立法的差异，欧盟征信机构在征信信息储存保留期方面差异很大。

四　市场对信用商品需求的引导

欧美等征信国家征信行业的发展大都是以市场对信用商品的需求作为引导，向差异化方向发展。以美国为例，许多中小信用服务机构将业务定位在某一特定的市场，使征信行业的发展越来越细化，有专门向医生提供患者的信用信息的医疗类信用服务机构，有向人寿保险公司提供被保险人健康状况和信用状况的保健类信用服务机构；还有专门向房屋出租者提供潜在租户信用状况的房屋租赁类信用服务机构，等等。这些中小型的信用服务机构之所以能在激烈的市场竞争中生存下来，主要就是靠不断依据市场需要进行产品创新，对信用信息进行深入的研发，进而提供有特色、多样化和高质量的信用产品，以最大限度满足不同需求者的各种需求。因此，欧美等征信国家征信行业通过积极引导信服务机构适应市场需求的变化，形成有序互补的市场竞争格局，有效地促进征信行业的健康发展。

五　各国信用奖惩机制的特点与共性

通过上述分析，我们可以看出，欧美等征信国家通过建立奖惩分明的失信惩戒机制，让失信者受到惩罚，使其失信的期望成本远远超过失信的期望收益。与此同时，让守信者获得回报，使其守信的期望收益远远高于其守信的期望成本，并呈现出以下特点与共性：

（一）多层次性的惩戒主体

欧美等征信国家具有多层次的失信惩罚主体，无论是法律授权的民间机构，还是司法部门等政府机构，都能够成为失信行为的惩戒主体。法律授权的民间机构能够通过政府行为转换为民间行为，从而对失信者产生强大威慑力和约束力。在此过程中，政府机构可以在建立健全相关法律法规的同时，定期向社会公众公布对失信者的名单以及对其的处罚决定。司法部门等政府机构则可以通过限制一定期限内的行为和传播信用产品的负面信息等多种手段，有效地限制失信者和其他社会主体的交易，以对其失信行为进行惩处。因此，欧美等征信国家通过政府机构和社会机构对失信者进行多层次的惩戒，有效地阻止了失信者进入主流社会，加大了失信者的失信成本，体现了失信惩戒机制的价值目标。

（二）多样性的惩戒形式

欧美等征信国家通过法律、道德和舆论等多种形式来规范社会各方的信用行为。在法律惩戒方面，欧美等征信国家通过完备和健全的法律法规体系来保障社会各方的信用关系，使法律真正起到维系各方信用关系，保护合法权益和惩戒失信行为的有力武器。在道德约束方面，欧美等征信国家通过宗教等方面的影响使社会各方通过道德自律来维系各主体之间的诚信，以市场经济条件下的道德规范来规范各方的信用行为。在舆论约束方面，欧美等征信国家通过媒体和公众的舆论监督，对社会各方的诚信行为产生一定的影响力和约束力。因此，欧美等征信国家通过法律的惩戒和道德的自律和社会舆论的约束等多种方式有效地规范社会各方的信用行为。

（三）灵活的惩戒手段

欧美等征信国家通过赋予失信者一定的申述权利和改过的机会，既起到了震慑的作用，又达到了教育的目的，在一定程度上体现了惩戒手段的灵活性。一方面，欧美等征信国家的失信惩戒机制赋予失信者一定的申述权利。失信者有权对信用报告提出质疑，并据此申述；

即使失信行为属实，他仍有在信用报告中加入失信行为解释的权利，并希望得到未来使用失信报告者的某种程度的理解。另一方面，欧美等征信国家的失信惩戒机制赋予失信者一定的改过机会。在量刑设计上，本着震慑和教育并存的目的，在使失信者付出惨痛代价后，还会给予失信者一定的改过机会。为此，各国法律都规定了征信体系中对企业和个人的失信与破产记录保存的时间限制。因此，欧美等征信国家通过赋予失信者一定的申述权利和改过的机会等方式，采用灵活的惩戒手段，既起到了震慑的作用，又达到了教育失信者的目的。

（四）公平的惩戒行为

欧美等征信国家通过失信者公平的惩戒，公正、公平地惩戒了所有失信者的失信行为，充分地维护了守信者的利益不被侵害。在欧美等征信国家，即使失信者的社会地位和身份十分高贵，也要为其失信行为接受法律的制裁。例如，美国总统布什的女儿在15岁时，因为借用他人的身份证件买酒，被处罚在社区进行义务劳动。因此，欧美等征信国家通过对失信者公平的惩戒，使社会公众知晓，只要有失信行为就会付出代价。

第三节 发达征信国家经验教训对我国的启示

尽管经历了一个多世纪的实践，欧美等征信国家的失信惩戒制度同样存在一些问题，通过深入分析欧美等发达国家建设失信惩戒机制过程中存在的问题以及根源，对于我国完善现行的失信惩戒机制建设具有非常重要的启示意义。

一 美国信用奖惩机制存在的问题与根源

（一）纯市场模式不利于本国政府对征信机构的保护

美国在纯市场的私营信用管理模式下，竞争机制的引进有效地促进了征信服务质量的不断提高和征信服务范围的不断扩大，征信机构对数据库的建设和征信服务的提供能够充分满足征信市场的现实需求。但同时，这种信用管理模式会导致在本国征信机构发展不成熟时，很难通过政府的得力保护与外国大型征信机构竞争，进而导致信用行业发展的不协调，征信机构专业水平不均衡。

（二）盗用身份欺诈犯罪猖獗

迄今为止，美国国内还没有全国统一的身份证号码，社会保障安全号码、驾照指纹和工作单位等都可以证明个人的身份，不仅信用管理局为此要花费大量的时间进行信息匹配，而且每种方式都存在一定的问题。例如，驾驶执照和社会保障并非所有公民都会领取；工作单位、家庭住址和电话号码等都可能会随个人生活情况的变动而随时进行调整；指纹在不经本人许可的情况下更是不能随便录入。根据官方机构大致估算，每年美国约有100万身份被盗用的受害人，身份被盗不仅会给公民带来一定程度的经济损失，还会给公民带来非常严重的信用损失。根据2001年美国联邦最高法院的裁定：即便是超过两年的时限后才得知，身份盗窃案或其他信用卡欺诈案的受害人，仍然无法控告提供不良信用资料的信用服务公司。尽管还没有取得统一的意见，也没有进入立法程序，但是，目前美国国会已有不少政客呼吁立法实行全国统一身份证制度，这对于完善信用惩戒机制是非常不利的。

（三）信用风险随信用规模扩张而增加

2008年以来，受金融危机的影响，美国企业和个人的破产规模令人瞠目结舌，企业和个人的破产数量也不断激增。尽管破产规模越来越大，破产数量越来越多，但是，商业银行为了获取高额的利润回报，仍愿意向信用等级不高的消费者提供多种形式的贷款，这导致信用风险随着信用规模的扩张而不断增长。与此同时，随着安然公司和环球电讯公司的破产，全球最大的会计公司安达信公司为其做假账事件也随之暴露，美国信用产品的可信度受安达信这样的大型会计公司诚信遭受质疑的影响也随之下降，这对于完善信用惩戒机制是非常不利的。

二　欧洲国家信用奖惩机制存在的问题与根源

（一）政府和中央银行的深度介入不利于信用产品市场竞争机制的形成

欧洲在政府和中央银行深度介入的公营信用管理模式下，各征信国家在信息采集方面具有绝对优势，作为信贷登记主体的中央银行可以通过联合本国政府的各个有关部门建立起全国的征信体系。但是，由于公营信用管理模式下的征信机构大都是类似于银行同业协会等以服务公共利益和政府政策为目标的非营利性组织，它们只能局限在同业范围内征信，造成了征信机构的市场化程度相对较低。与此同时，政府出于非营利目的来建设征信数据库，是非常不利于信用产品市场竞争机制和征信数据库商业化形成的，导致了其难以提供真正满足市场需求的各类客户的征信产品报告。

（二）公营模式下政府难以保持中立和高效

欧洲在政府和中央银行深度介入的公营信用管理模式下，政府机构可以在公共数据相对比较分散的条件时，强制性地让局部主体将各种数据贡献出来，并通过在较短时间内有效协调社会各方面力量的参与，运用多种措施迅速地建立起覆盖全国范围的征信数据库。但是，由于各国公共信用调查机构的运作成本和投入都相当高，而服务的目的和对象却相对单一，各国的公共征信系统在经济全球化的大背景下越来越难以提供某一特定公司全面、可靠的信用信息，私人或跨国私人信用调查机构可能会逐步取代各国的公共信用调查机构。与此同时，在中央银行和政府机构深度介入的情况下，征信机构很难像信用理论说的那样具有高效和中立的特征。

三　发达征信国家经验教训对我国的启示

通过了解欧美等征信国家建设失信惩戒机制的历史进程，我们可以看出，欧美等征信国家大都是以完备的信用数据为依据，以完善的信用法律为保障，以诚信品质为思想基石，从法律监督、道德自律和守信激励这三个层面来建立和完善失信惩戒机制。这对我国现行失信惩戒机制的建设和完善，具有以下启示：

（一）完善信用管理立法，有效发挥政府监督作用

欧美等征信国家的经验表明：完善的信用法律法规体系为国家提供了失信惩戒的法律依据，对失信惩戒机制的建立和完善起到了至关重要的作用，并且同时发挥了激励守信者和惩戒失信者的双重作用。因此，我国应借鉴欧美等征信国家在信用管理立法上的经验，结合我

国征信行业发展的现状，加快信用体系的立法，出台与信用服务相关的法律法规，促进信用管理立法的健康发展。一方面，由于经济活动中的各方主体之间存在多重复杂的法律关系，企业和个人的信用法律体系应由多部立法共同调整和规范。为此，我们从填补我国信用管理的法律空白方面入手，尽快制定一套系统、完整的规范企业和个人信用行为的法律体系，从源头上完善信用管理体制的立法工作。另一方面，由于目前我国的信用管理立法尚未健全，政府监管监督作用的发挥对失信惩戒机制的建设就显得尤为重要。为此，我们应尽快修改现行法律法规中与信用体系建设冲突的地方，并在合理发挥政府的监管作用的情况下，鼓励以行业协会和信用中介机构等为代表的社会团体更多地参与到信用活动的监管中来，进一步完善信用管理立法的建设。

（二）运用多重奖惩手段，提升失信惩戒机制的覆盖面

在当前的中国社会，失信者受到的经济损失和外在惩罚较轻，良心的责备和社会舆论的谴责并不能有效地遏制失信者再次失信。因此，我们应通过综合使用行政、司法和市场等多种手段来加强对失信者的外在制度约束。首先，我们可以借鉴借鉴欧美等国家的经验，将对失信惩戒的政府主管部门分为以中国人民银行为代表的金融系统主管部门和以工商总局为代表的非金融系统主管部门两类，并根据其业务专长，通过行政手段对失信者进行惩戒。其次，我们可以通过建立有效的司法制度体系，与失信惩戒机制的具体要求相配合，以司法手段依法追究严重失信者的刑事和民事责任，并通过利用社区义务劳动和罚款等短期来对失信者进行惩戒。最后，我们可以通过对存在不良信用记录的个人和企业在市场交易时进行严格的信用限制，对信用记录良好的个人和企业在市场交易时给予一定的信用优惠和便利等市场奖惩措施，对失信者进行市场惩戒。

（三）加快征信数据库建设，完善信息共享机制

欧美等征信国家的经验表明，完整覆盖社会各个方面的征信数据库，能够直接和间接地对失信者发挥惩戒作用，是国家失信惩戒机制的建立的基础。因此，我国应借鉴欧美等征信国家在征信数据库建设

方面的经验,加快企业和个人征信数据库的建设,有效地辅助惩戒机构对失信者进行惩罚,完善是失信惩戒机智的建设。一方面,我们应依据相关法律,收集、整理和归纳分散于各个部门和机构的企业和个人信用信息,建立完整的企业和个人的征信数据库,使对失信者的惩戒具有充分的事实依据。在此过程中,应充分发挥行业协会的作用,通过行业协会建立本行业的信用查询系统,进而对企业和个人的信用信息监督实现细化管理。另一方面,我们应进一步完善信用信息的共享机制,要打破银行、工商、海关、银行、法院等各部门之间的对各自信用信息的隔离和封锁,逐步建立全国各部门能够统一共享的征信数据库,并通过完善信用信息的公示制度,为失信惩戒机制的运行提供有力的支持。与此同时,我们还需要注意的是,在征信数据库中,失信者的不良记录可能是多方面原因共同造成的,政府应要求征信机构全力配合某特定部门接受被处罚者的申诉请求,该申述机构应尽力辅导失信者重建信用,在维护失信者正当利益的同时,实现对失信者的教育和惩戒的双重目的。

(四)加强信用文化建设,构建社会诚信道德氛围

欧美等征信国家的经验表明,当代社会的信用滑坡的趋势不可能仅靠完备的社会信用惩戒制度来实现根本的扭转,加强恪守信用的文化建设,形成诚实守信的社会氛围,才是推动社会信用体系建设的根本。因此,我国应借鉴欧美等征信国家在加强信用文化建设方面的经验,在完善当代信用体系的建设的同时,还应相辅相成地重视传统诚信文化理论的继承弘扬,才能从根本上扭转当代社会的信用滑坡的趋势。为此,我们应在全社会营造"失信者可耻,守信者光荣"的道德风尚和舆论导向,并通过各种教育宣传手段将诚信社会建设作为社会主义精神文明建设的重要内容进行大力宣传,使潜在失信者慑于社会群众的舆论压力和自身道德的谴责,不敢冒在社会上寸步难行的风险,用自己的利益和名誉做赌注而失信于他人。

综上所述,严厉、有效的失信惩戒制度是社会信用体系的重要组成部分,它能够对失信者产生威慑和警示作用,维护正常的信用秩序。为此,我们应借鉴欧美等世界上发达征信国家的相关经验,从完

善信用管理立法，发挥政府监督作用；运用多重奖惩手段，提升失信惩戒机制的覆盖面；加快征信数据库建设，完善信息共享机制；加强信用文化建设，构建社会诚信道德氛围等多个方面完善我国的失信惩戒机制，以充分发挥其惩罚、震慑和奖励这三大功能，有效地改善我国诚信缺失的现状。

第五章 中国社会信用状况

当前，我国经济与社会发展过程中，信用缺失现象十分普通，给我国经济社会生活带来了严重的危害。信用缺失已经成为制约我国社会主义市场经济高效快速发展的"瓶颈"，成为阻碍我国社会文明建设的主要因素。在以市场经济为基础的现代社会中，信用缺失有其深刻的社会现象和社会根源。考察和分析信用缺失的社会现象和社会根源，有助于我们为遏制诚信缺失现象不断泛化的趋势提供有效的治理方案。

第一节 中国社会信用缺失的现状及特点

我国社会主义市场经济建设自改革开放30多年以来，取得了举世瞩目的辉煌成就，但同时也集中爆发了一些新的社会问题和矛盾。其中最突出的矛盾就是一些领域存在信用缺失现象。如果这种情况持续发展下去，必然会严重阻碍我国社会文明的整体进步。因此，我们必须进一步深入分析改革开放以来我国现代社会信用缺失的现实状况及其呈现特征，积极正视我国现代社会信用缺失的严重危害性，并在此基础上，为治理我国当代社会的诚信缺失问题有针对性地提供相应的政策建议。

一 中国社会信用状况的总体评价

如图5-1和图5-2所示，根据《小康》杂志对我国2005—2015年进行的"中国信用小康指数"调查状况，可以看出，我国信用小康指数的评价主要包括政府公信力、企业信用和人际信用三个方面。① 从历年的指数得分可以看出，在这十余年期间，我国信用小康指数由2005年的60.2分提高到2005年71.3分，总体上看，得分进步了11.1分，尽管在此期间经历了一些波动和曲折，但自2008年之后，"中国信用小康指数"开始稳步向好。

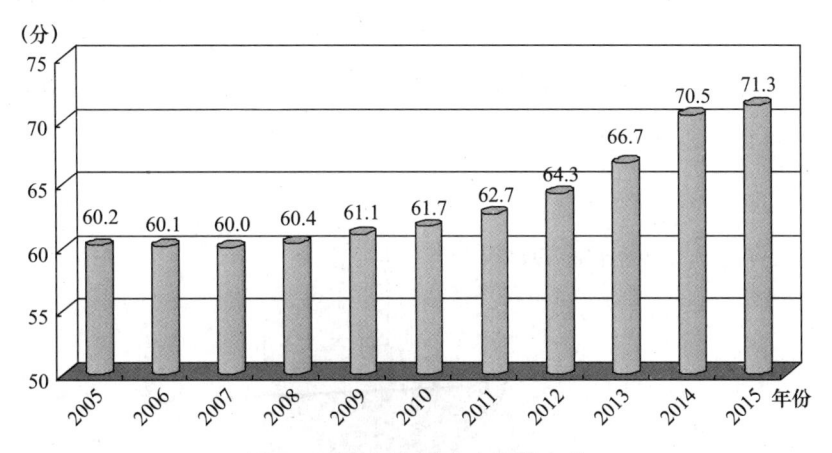

图5-1 中国信用小康指数走势

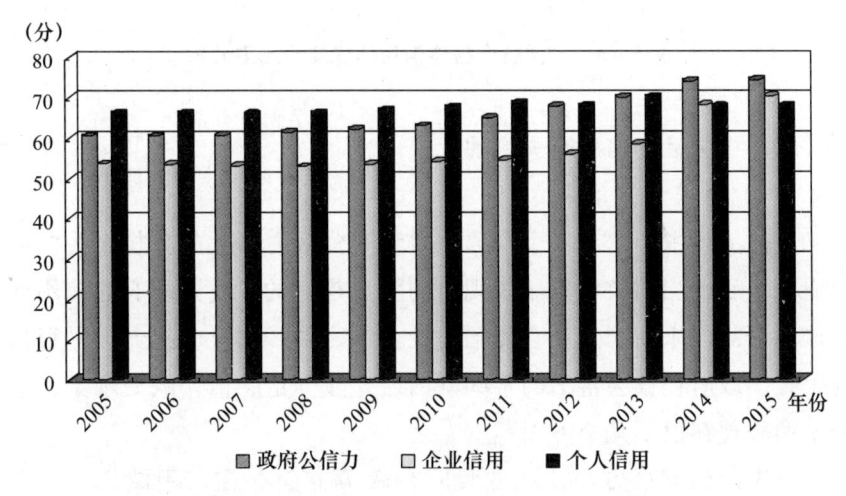

图5-2 中国信用小康指数中政府信用、企业信用和人际信用的走势

---

① 在中国信用小康指数这一指标中，分别以政府公信力、企业信用和人际信用来衡量政府诚信、企业诚信和个人诚信状况，它们在中国信用小康指数中的权重分别为40%、30%和30%。

从衡量政府诚信、企业诚信和个人诚信的政府公信力、企业信用和个人信用指数的走势来看，2010年以来，政府诚信和企业诚信有了显著的提高，而个人诚信却在2014年出现了一定程度的下降，尽管之后又有所回升，但还是没有达到下降之前的水平。

如图5-3所示，在对我国社会整体信用环境做进行评价调查时显示，给出中等评价和差等评价的分别达到了45.7%和29.5%。而给出好评的占比最小，仅有24.8%。可见，尽管我国社会的整体信用环境逐步趋向好的发展趋势，但公众的评价仍有待继续提高。

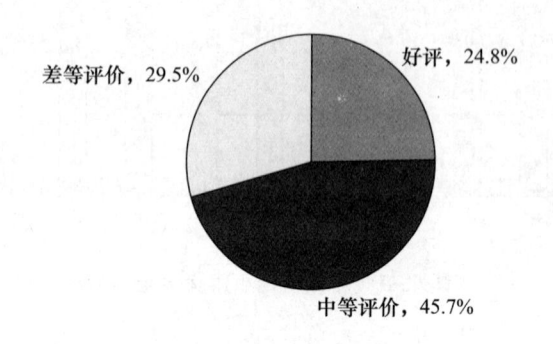

图 5-3　中国社会整体信用环境评价比重分布

二　中国社会信用缺失的现状

（一）政府的信用缺失

通过上述中国信用小康指数中对政府公信力指数的分析，我们可以看出：我国当前政府信用表现出的主流是好的，我国政府的信用度自改革开放以来在国际社会和国内社会均得到了明显的提升。尽管如此，我国政府在社会生活的某些方面还存在一定的信用缺失现象，它们集中表现在以下几个方面：

首先，在政策方面，地方政府在政策方面存在信用缺失。一方面，某些地方政府的行政决策随意性大，缺乏科学性和民主性，政策朝令夕改，无法得到合理的预期。一些政府部门长期处于唯我独尊的地位，在决策时没有经过深入调查，经常性拍脑门决策，凭经验办事，导致其做出错误的决策给社会经济发展和人民利益造成一定的损害。此外，部分政府的某些决策的初衷是提高百姓的福利，但是，由于缺乏科学的论证和战略性的考量，决策后果有违初衷，也给社会经济发展和人民利益造成一定的损害。另一方面，某些地方政府在政策执行的过程中存在滥用权力、行政政策执行不规范的情况。一些地方政府在实际工作中存在违法违规操作造成了政策执行不力，并且在政策执行中还存在多头执法、多层执法以及讲关系、讲人情的不公平、不公正现象。此外，一些地方政府在政策出台后将其长时间搁置，或者在政策的实践过程中，屡次出现执行不严和不当等问题，进而导致群众对政府行政行为和行为能力产生怀疑甚至失去信心。

其次，在意识方面，地方政府在意识方面存在信用缺失，这是导致政府信用缺失的深层原因。一方面，某些政府部门把追求个人利益和部门利益的最大化作为行政宗旨，并将其渗透在政府执政过程中，导致行政理念淡漠，服务意识缺乏，在此过程中，特别是一些地方政府受此影响，对待国家法律和政策阳奉阴违，极大地损害了政府的信用度，并滋生了一系列腐败现象，使一些地方政府陷入极大的信用危机之中。另一方面，某些地方政府官员为了自身的政绩和升迁的需要，想方设法地利用手中的权力大搞劳民伤财的形象工程和政绩工程，造成极大的社会资源的浪费，有的甚至为此还不惜欺上瞒下、弄虚作假，长此以往导致地方政府形成了扭曲的政绩观。此外，一些政府官员的服务意识极度缺乏，总是以一副高高在上的姿态面对人民群众的需要，即使是其分内工作，也是互相推诿扯皮、敷衍塞责，无视政府的公共性宗旨，严重损害了政府的信用度。

最后，在行为方面，某些地方政府在行政行为方面也存在信用缺失。一方面，某些地方政府行政效率低下，地方保护主义问题突出。令行禁止是政府信用最现实的体现，可是一些地方政府在执行中央决策时，不顾党纪国法，为了地方利益牺牲国家利益，采取上有政策、下有对策的做法，对地方经济进行不恰当的保护，屡屡出现政策执行不当和不严的情况，严重影响到中央政府各项政策的贯彻落实，进而在一定程度上降低了政府在民众心中的信任度。另一方面，某些政府部门行政不作为现象严重。一些地方政府根据自身利益做出作为能否有效作为的标准，积极插手，甚至越位管理对自身有利的事物，而对食品药品监管、虚假广告、传销等本应由政府提供公共监管的事物却服务不到位，甚至存在严重缺位的现象，没有把群众的利益放在首位。

综上所述，我国地方政府诚信问题面临着诸多挑战，政府信用缺失现象客观存在且不断凸显。政府诚信不仅事关政府自身良好形象的树立，而且与社会信用体系存在着密切的互动关系，一旦政府的权威性受到损害，联结政府和社会的政策纽带松弛，公权力行使的合法性将会受到严重质疑，政府诚信得不到公众认可和尊重，公共政策的执行力度就会大打折扣。因此，在大力推进民主法治建设的进程中，治理政府失信应当成为当前亟待解决的现实课题，这对于提升政府的信用水平，进而最终化解政府的信用危机具有重要的理论意义和现实意义。

（二）企业的信用缺失

改革开放30多年以来，随着市场经济的发展，我国经济社会中潜藏的各种矛盾逐渐凸显出来。受市场多元化和复杂性因素不断加强的影响，目前，我国正处于企业信用问题集中凸显的特定时期，企业信用缺失主要表现在以下几个方面：

首先，在商业信用方面，我国企业存在一定程度的信用缺失。商业信用是企业信用交往中最基础性的信用关系，商业信用的缺失将导致违反合同、逃废债务等一系列信用问题的发生。一方面，商业信用的缺失将导致企业间的合同违约。在我国经济转型期，受利益机制欠缺的影响，企业降低对履约质量的要求，以及仲裁机关和仲裁人员的经验缺乏，使大量可诉诸法律解决的合同纠纷，由于其化解费用高和时间长等因素私了解决或不了了之。这严重降低了合同的严肃性，使企业之间的交易呈现出高违约率与契约运行高成本的状态。另一方面，商业信用的缺失将导致企业间的债务违约。我国企业之间的相互债务拖欠呈现出债权债务关系相互交织、产业关联度广、数额庞大、追索难度大等特点。一些不良企业采取一系列的办法恶意欠款，使企业间彼此失去了信任。为了防止被恶意拖欠，许多企业在商业交往中不得不从多个方面谨慎考量自己的交易对象,并采用担保交易或现金交易,这在一定程度上降低了双方企业的办事效率,增加了双方企业的交易成本,进而减缓了整个社会经济发展的速度。

其次,在资金信用方面,我国企业存在一定程度的信用缺失。企业资金信用的缺失会导致银行呆坏账和偷逃税款等情况的发生。一方面,受多重因素的影响,银行的不良贷款率在大量企业拖欠银行贷款的情况下不断攀升,很难在近期内得到有效的缓解。企业之间债务债权关系复杂引致企业对银行的贷款也难以偿还。在银行发挥交易媒介的过程中,在企业间多重信贷关系的作用下,银行的承兑汇票和信用证垫款等金融工具中垫款难以及时收回,不良资金比重逐年增长。为了有效保障银行资产的安全性,一些银行出现了惜贷的现象,导致一些急需资金发展的中小企业无法得到充足的资金支持,进而从根本上束缚了企业的进一步发展。另一方面,随着技术的不断发展,一些企业偷逃税款的形式和手段也不断更新,给国家造成了大量税款大量流失。在我国稽查科学尚未非常完备的情况下,企业在资金信用方面失信行为的查处会受到一定的制约。受此影响,一些企业利用高科技手段假冒票据,具有较强的隐蔽性。一些企业以虚开和伪造增值税专用发票为主要形式的偷税活动也比较严重。

再次,在商品信用方面,我国企业存在一定程度的信用缺失。企业提供的商品和服务是面向广大社会公众的,商品信用缺失会严重损害广大社会公众的人身和财产安全。一方面,一些企业存在生产产品或提供服务不达标的现象,产品以次充好,以假充真,以旧充新,缺斤短两;一些企业假冒注册商标和专利,假冒认证标志、名优标志、防伪标志等;还有一些企业没能严格执行生产标准,生产了大量不合格的药品、食品、室内装修和医疗器械等产品,严重危害了公众的生命和财产安全。另一方面,一些企业商品和服务存在价格欺诈和虚假折扣等现象。主要体现在物业管理、节假日旅游价格、农村电网改造、电信服务和自来水等垄断行业的价格方面。

最后,在信息信用方面,受各方面因素的综合影响,我国的上市企业在信息披露过程中提供虚假信息和信息披露失真等现象非常严重。我国企业在信息信用方面的信用缺失主要表现在以下几点：第一，信息披露不真实。部分上市公司往往出于经营管理上的特殊目的，操纵会计信息的披露提供虚假财务报表。第二，信息披露不完整。我国上市公司对于一些能够影响投资者决策和反映公司未来经营状况的非财务信息的披露非常不充分，只是单一地偏重于可量化的财务信息的披露。第三，信息披露主动性不强。我国上市公司大多抱有晚披露、少披露的心态，不愿全面、主动地披露公司相关信息，只是强制、被动地进行信息披露。因此，信息披露过程中的失真和虚假等现象，加大了交易市场的信息不对称程度，在一定程度上降低了社会效率，增加了交易双方的交易成本，不利于市场信用环境的构建和优化。

综上所述，信用缺失会严重破坏企业生存和市场经济体制发展的软环境，给企业和社会发展带来巨大的负面效应。对于企业来说，一个好的信用基础能够决定企业的长期生存能力以及其上下游企业和借贷双方的安全，只有从企业内部及外部两个方面加强企业的信用管理，有效地改善企业失信行为，才能逐步优化经济社会发展环境，促进企业健康发展，人民生活和谐安宁。

（三）个人的信用缺失

良好的个人信用在我国传统文化中始终占有重要的地位，与政府信用和企业信用相比，良好的个人信用才是社会信用的最根本体现。改革开放30多年来，伴随我国体制转轨和社会转型，进入市场经济后的中国个人信用的缺失开始逐步出现，并在一定程度上阻碍了社会主义市场经济的健康发展以及和谐社会的构建。目前，个人信用的缺失主要表现在以下几个方面：

首先，各种假文凭、假学历证件泛滥、音像制品盗版猖獗。随着我国经济对外开放力度的逐渐加大，国际和国内的各种机构对高素质人才的需求逐年高涨，一些人为了达到求职和升迁等个人目的，不惜从不法分子手中花费重金购买假文凭和假学历，以身试法。还有我们当下能够切身体会到的盗版音像制品泛滥的问题，国际唱片工业联合会发表的2002年年度报告指出，中国大陆在世界10个盗版问题最严重的国家和地区中，中国大陆名列第一。此外，随着人们对生活质量要求的逐渐提高，当今社会的假发票、假健康证以及假身份证等问题也随着社会经济的发展而日趋严重。

其次，各种"老赖"的大量出现，恶意欠费现象日趋严重。近几年来，贷款购房和购车的消费已成为当今社会大多数人的消费方式，但这其中的一些贷款者出于各种原因不讲诚信，导致欠钱不还的"老赖"数量也随之上升。上海市人民法院的统计结果显示，各种车贷和房贷中不履行还款义务的案件数量占全部金融案件的比重已经由前几年的不足5%迅速上升至30%左右。另外，随着智能手机等电子产品的普及，电信部门在利用手机恶意欠费方面损失惨重。一些年轻的"月光族"甚至通过刷信用卡过"负翁"生活，逾期拖欠透支款。此外，大学生恶意拖欠助学贷款，富人恶意偷税逃税现象严重也是个人信用缺失在欠费方面的一个显著表现。

再次，学生失信行为日渐增多，特别是高年级学生对失信行为的"认可"程度在上升。根据重庆市教委对各辖区多所重点中学学生的诚信状况进行抽样统计调查的分析结果显示：近九成的学生认为不老实的得实惠，老实人会吃亏；近八成学生想去购买不法分子出售期末考试试卷。特别是近几年来，作弊和替考等丑闻频繁被曝光在各种国家级重大考试中，而且相关人员分工明确、手段先进，大有将替考和作弊等失信违法行为向产业化发展的苗头。

最后，"杀熟"现象日渐严重。"杀熟"又称"坑熟"或"宰熟"，是近几年才出现在我国的一个新词，"杀熟"现象形象地描绘出欺骗熟人的社会失信行为。"杀熟"现象的日益严重，标志着我国社会主体之间信任程度的急剧下降，是非常不利于建设和谐社会的。例如，"杀熟"的典型代表就是各级政府屡禁不止和人民群众深恶痛绝的"传销"。

综上所述，当今社会，我国个人诚信在一定程度上的缺失和扭曲会导致道德滑坡和社会价值观混乱，而且造成社会风气的败坏和整体和谐度下降，已经成为当前影响我国和谐社会构建的最主要障碍。

三 中国社会信用缺失的特点

近年来，我国信用观念淡漠、社会信用缺失愈演愈烈，大有由经济领域向其他领域蔓延之势。这说明我国目前信用缺失的状况已经非常严重，并呈现出如下特点：

（一）信用缺失的主体比较普遍

目前，我国社会信用缺失的主体比较普遍，作为信用主体的个人、企业乃至政府都存在一定程度的信用危机。作为国家的管理者，政府是最应该遵守信用的，但是，某些地方政府却在不同程度上出现了擅自更改合同、停办已批复的经济活动，以及隐瞒和封锁发生恶性事故消息等失信行为。企业在日常经营中也存在违反合同、恶意欠薪、偷逃税款和生产假冒伪劣商品等失信行为。个人受信用意识缺乏的影响，也存在恶意欠费、学术腐败和杀熟等失信行为。因此，我国社会信用缺失的主体是比较普遍的。

（二）信用缺失涉及的领域比较广泛

目前，我国社会的信用缺失已经逐步渗透到了涉及生产、流通、消费和投资等相当广泛的领域，基本覆盖了我们生产生活的各个方面。在生产领域，假冒伪劣商品有泛滥成灾的趋势，品种齐全，数量巨大，同时涉及第一产业、第二产业、第三产业。例如，农业领域的假种子，工业领域的豆腐渣工程，服务领域的假中介等，并在此基础上形成了一个完整的产业体系。在流通领域，存在一定程度的行政垄断现象，各种经济组织之间拖欠债务、恶意欠薪、偷税漏税等失信行为也时常发生。在消费和投资领域，大量上市公司存在虚假陈述、内幕交易、操纵市场和欺诈客户等失信行为，价格欺诈现象比较普遍。因此，我国社会信用缺失涉及的领域是非常广泛的。

（三）信用缺失带来的损失极其严重

目前，我国经济社会因信用缺失造成的损害是极其严重的。一方面，信用的缺失会造成银行不良债权大量增加、效益不断下降、金融风险发生的概率上升。这将对市场经济的发展和中国融入世界经济带来一定的困难。另一方面，信用缺失降低了经济运行的速度和效应，最终阻碍经济增长，导致投资逐步减少，市场交易逐步萎缩，各种市场信号受到严重扭曲，宏观调控政策和工具无法正常发挥作用，使市场经济向高级阶段进程受阻。因此，我国的信用缺失对社会经济带来的损失是非常严重的。

（四）信用缺失的发展呈现出专业化和复杂化的趋势

目前，我国社会的信用缺失已呈现出专业化和复杂化的趋势。制假和售假正逐步向集团化方面发展，早已不再局限于小作坊式的零散操作，制假和售假从原料、制造到运输、销售的整个过程都具有极强的隐蔽性，并且都有颇具规模的集团势力在有组织地运作，甚至一些黑社会组织与犯罪集团都有参与。此外，受地方保护主义思想的影响，一些地方政府为保护自身利益，经常扭曲规则，以权代法、执法不当，公然保护"假冒伪劣"，导致打假行动存在"打而不死"的现象，成为信用缺失难以治理的关键症结。因此，我国信用缺失的发展已呈现出专业化和复杂化的趋势。

综上所述，信用是规范市场秩序和市场经济有效运作的根本保障，是经济活动主体之间成功建立合作伙伴关系的基石。如果失信者的行为没能得到及时严厉的处罚，"劣币驱逐良币"效应就会使守信者会对自己的行为做出调整，整个社会就会出现普遍的信用缺失现象。因此，信用缺失不仅是我国发展社会主义市场经济的最大体制障碍，也是制约未来我国经济融入世界的主要制约因素。

第二节 中国社会信用缺失的危害

目前，信用缺失已经成为我国进行社会主义现代化建设的重大障碍，它普遍地存在于政治、经济、文化、家庭等各个领域。对信用缺失危害的研究，有利于在全社会树立诚信为本、操守为重的良好道德风尚，这对于建立和完善社会诚信制度体系，具有非常重要的理论意义和现实意义。

一 信用缺失行为产生危害的理论基础

随着我国社会主义市场经济的高速发展，"信用缺失"逐渐我国现实经济运行中遇到的重大难题，由于政府、企业和个人等不同市场主体对信用经济意义认识的局限性以及经济生活中以追寻利益最大化的最终目标，我国经济生活中产生了大量的严重影响我国市场经济健康发展的信用缺失现象。因此，在研究信用缺失产生的危害之前，对信用缺失的理论基础进行多维视角的系统分析，是具有非常重要的理论意义和现实意义的。为此，我们分别从博弈论和产权制度的视角分析诚信缺失给社会经济带来的危害。

（一）博弈论视角的分析

我们可以通过构造一个简单的博弈模型来理解信用缺失的危害。假定：有两位理性经济人参与到产品的销售过程中，它们分别是企业和消费者，都以寻求自己利益的最大化为目的。消费者可以选择信任企业或者是不信任企业。企业也可以选择欺骗消费者和诚实应对消费者。在消费者选择不信任企业的情况下，该博弈会立即终止，是不能够继续进行下去的，双方收益均为0；在消费者选择信任企业的情况下，企业则面临两种选择，如果企业欺骗消费者，企业会获得收益10，消费者会获得收益-5；如果企业诚实应对消费者，企业和消费者双方均会获得收益5，双方的博弈树如图5-4所示。通过分析，我们可以看出，上述博弈过程实际上会得到类似"囚徒困境"式的结局：如果一方失信，而另一方遵守承诺，则守信者会遭受严重损失，但失信者却会得到比双方都守信的情况下还要多的收益。

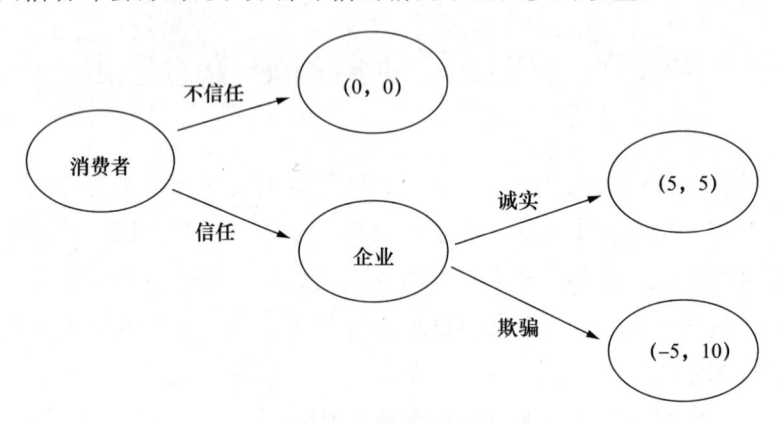

图5-4　原始的博弈树

国内外的大量经济学家们都认为在重复博弈的情况下，交易者之间会更倾向于相互信任。为此，我们对上述博弈模型加以改进。假定双方博弈每次的结构均不发生变化，下次交易的概率在每一次博弈结束前都会被设定为 S。那么，在消费者选择信任的前提下，如果企业选择欺骗消费者，那么消费者将永远选择不信任；相反，如果企业选择诚实应对消费者，下一阶段消费在双方的博弈中就会继续选择信任。我们继续假定，如果企业选择欺骗消费者，它此后的每期收益均是 0，只有当期的收益会是 10 个单位，那么当期和此后所有期的总期望收益为 10 个单位。如果企业选择诚实应对消费者，它会在本期收入 5 个单位，之后各期，分别有 S_1、S_2、S_3…的机会得到 5 个单位的收入，所以，总期望收入为：$5 + 5S + 5S_2 + 5S_3 + \cdots = 5/(1-S)$。因此，只要诚实时的总收益高于失信时的总收益，$5/(1-S) \geqslant 10$，即 $S \geqslant 0.5$ 时，诚实就是企业的最优选择。也就是说，在满足一定条件的情况下，只要给当事人充分的永久利益，它就能够拒绝失信带来的一次性好处的诱惑，进而坚持诚实守信，这就是重复博弈所创造的信誉机制。

为了进一步遏制欺骗带来好处的诱惑，我们在上述博弈模型中引入政府监管下的惩罚机制，进行改进。假定企业欺骗行为被发现并受到惩罚的概率为 p，被处罚的收益为 -5。双方的博弈树如图 5-5 所示。企业选择诚实应对消费者的预期收益为 5；选择欺骗消费者的预期收益为 $-5q + 10(1-q)$。通过求解不等式，我们可以得知，当 $q \geqslant 1/3$ 时，企业选择诚实的收益会大于欺骗所得到的好处，企业会在此情况下选择诚实守信。也就是说，法律的执行力度越强大，企业的欺骗行为被发现后处罚的力度越大，企业失信的行为越不可能发生。通过分析，我们可以得知：法律越有效，惩罚的力度越大，企业的欺骗行为发生的概率就会越小。即在强有力的法律监督机制作用下，决定企业能否坚持诚实守信行为的两个重要因素是失信的后期成本以及失信行为被发现并处罚的概率。

图 5-5　改进的博弈树

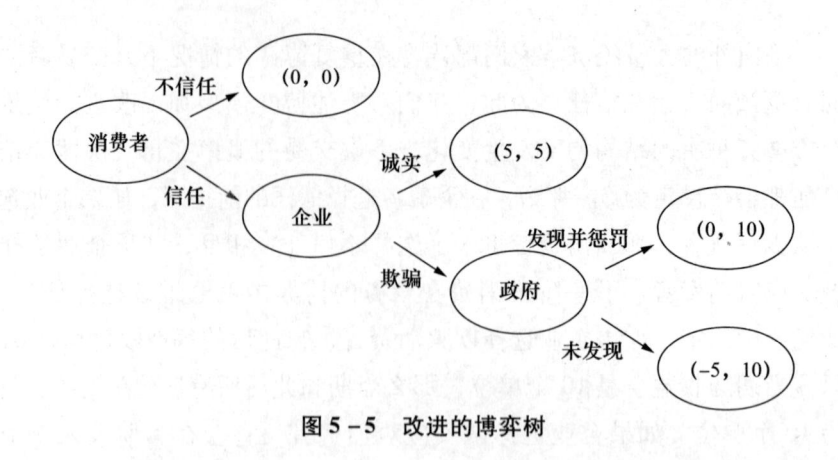

（二）产权制度视角的分析

道格拉斯·C. 诺思是诺贝尔经济学奖得主，根据他的产权理论，产权及产权结构与交易者的守信动机有着密切关系，明晰有效的产权结构能够为信用关系健康发展和社会经济生活的正常进行奠定坚实的制度基石。随着我国经济体制改革的深入，在原有信用制度逐步解体，以及新的信用制度体系逐渐形成的过程中，信用制度的扭曲具体主要表现在政府失信行为的示范效应和多重信用制度规则体系并存导致信用体系的真空地带这两个方面。

首先，从政府失信行为的示范效应方面上看，在体制转轨的过程中，我国政府的职能在不断转变。这一信用制度规则体系受政府对经济生活过度干预以及体制惯性的制约，在某些领域以及某些方面仍存在一定的影响力度。行政干预的随意化导致了产权规则的频繁变化，这使得一些经济主体只能注重短期利益，在行为选择上就会表现出机会主义倾向，失信也就成为必然。在此基础上，在政府失信示范效应的强烈影响下，其他信用主体会产生信用规则不可能会被严格执行的不合理预期，进而导致信用约束机制失效。

其次，从多重信用制度规则体系并存导致信用体系的真空地带这个方面来看，在市场经济体制的信用制度正在不断完善和规范的同时，计划经济体制的信用制度在某些领域以及某些地方仍有重要的影响，这种多重信用制度规则造成多重的行为评价标准和市场交易准则，导致市场交易者交易行为的不确定性增加，进而在多重信用规则体系存在真空地带的时候或者是社会关于信用具有普遍性的制度体系尚未建立起来的时候或出现了隐性信用制度规则。在此基础上，多重信用制度规则之间的冲突增大了社会生活的不确定性，这会导致信用制度体系整合和规范社会经济活动的运作效率低于同等条件下的单一制度体系，进而严重影响信用制度的约束力。

（三）理论分析对我们的启示

首先，信息共享对于诚实守信行为是非常重要的。在单次博弈的情况下，行为主体会容易受到追求短期利益目标的支配，就会导致失信行为的时常发生。如果此时法律制度监管机制失效，信用机制也就无法发挥保障交易双方利益的作用。但是，在重复博弈情况下，在信用机制的作用下，行为主体就会开始追求长远利益，就是即便没有外在的监督，失信发生的概率也会大幅下降。虽然无限连续的博弈不太可能出现在现实生活中，但交易双方却能在信息共享激励机制下，按照无限连续博弈的规则在有限次的博弈中做出最佳决策。如果交易对象之间实现了信息共享机制，每个人一生中只能交易的有限次数就等价于和同一个人交易。在我国，个人信用档案的缺失，使伪造的学历和证书让交易主体难以辨认，在此基础上，人与人之间信任的缺乏也就会是必然的结果。

其次，明晰产权对诚实守信行为是非常重要性的。产权会对行为人产生激励并据此影响行为主体的决策，它是行为人追求长远利益的诸多动机因素中最关键的因素之一。在事实上，由于产权主体的悬空助长了"寻租"现象的出现，因而国有企业的领导没有追求企业长远发展的动机，也就不会重视诚信这一企业的生存命脉。而大量私营、民营企业也因为政府政策的朝令夕改和因情徇私，让他们感到产权没有得到可靠的保障，使他们在一定程度上缺乏安全感，没有稳定的预期，因而不可能为建立信誉进行长期投资，坚持诚实守信。

最后，外界惩罚机制对诚实守信行为是非常重要的。尽管博弈本身的原则不会因外界惩罚机制的存在而有所改变，但是，当事人却能够在外界惩罚机制的外在约束下改变失信的效用预期，并据此最终改变博弈的均衡结果。在现实交易中,受骗方可能会对惩罚行为实施的收益与成本进行权衡。只有当惩罚的法律成本能被实施方接受时,当事人才不会放弃对失信方的惩罚。因此,虽然有了法律后,人们会更倾向于守信,但与此同时,人民法院也应通过降低诉讼费用和提高审判效率等措施来更好地保护债权人的合法权益。

二 信用缺失的危害

信用是社会良性发展的核心竞争力,信任好比是空气和水源,我们所生存的社会就会在信任被污染后土崩瓦解。当前,我国正处在社会转型时期,社会的诚信度随着制假、售假、造假等丑闻在各个领域的频繁出现而迅速下降。信用缺失正逐渐由最开始的经济领域蔓延到政治、文化等各个领域,成为全国人民重点关注的问题,信用缺失危的危害主要体现在以下几个方面:

第一,政府信用的缺失会损害政府在公众心中的形象,使政府公信力下降,进而严重影响国家声誉。一方面,一个国家的诚信水平不仅是国家形象的重要组成部分,还是国际投资者衡量该国投资环境健康与否的重要标志。但是,一些地方政府在一些涉外经济纠纷处置不当,有失公平,对政府形象产生了一定的不良影响。更有甚者,一些违背基本的诚信准则的不法商家在自身利益的驱使下令与我国开展对外经济业务的外商遭受重大损失,这些行为都在一定程度上降低了我国企业的国际竞争力,是对国家信誉的极大损害。世界贸易组织的总干事穆尔曾经评价说:从长远来看,信用以及建立和完善信用体系机制对中国经济的发展来说才是最重要的。中国企业和产品只有打造出"中国诚信"的品牌,才能走出国门誉满天下。另一方面,政府的取信于民对于社会的有序发展和政令的畅通实施至关重要的,它是管理国家的中枢。政府的失信,不仅会严重影响政府在公众中的形象,并且还会严重干扰国家的政治、经济、文化建设,阻碍社会文明的进步。如果民众对政府公信力产生了怀疑,社会的不稳定性和民众之间的不信任将被不断放大,进而导致民众开始质疑政府的一切行为。社会信任危机若不加以及时治理和整顿,不仅会增加社会运行成本,还会导致社会整体的信仰丢失和道德下滑。因此,政府诚信对于营造文明和谐的人文环境是至关重要的，政府作为社会公共事务的管理者和国家权力的执行者，只有彰显出诚信的力量，才能树立政府的法治权威。

第二，企业信用的缺失会大幅增加社会交易成本，进而严重阻碍市场经济的健康运行。经济领域中的失信行为破坏了市场机制，并引发社会诚信链条的断裂，只有拥有良好的信用关系，社会主义市场经济建设才能顺利推进。例如，2008年曝光的三鹿奶粉含三聚氰胺事件，损害了广大消费者的利益，严重侵害了众多婴幼儿的健康权，导致民众对我国的食品生产安全的信任大滑坡。此外，市场诚信缺失不利于市场交易的良性循环，导致交易主体相互防备，互不信任。这不仅影响了企业的正常经营活动，降低了资金使用效率，而且严重制约了企业"走出去"的步伐，在一定程度上也削弱了我国国际贸易的发展潜力。为防止交易风险，交易主体对交易成本增加的要求会进一步加剧市场经济秩序失序的混乱，并严重阻碍社会的文明进步。

第三，个人信用的缺失会损害身心健康，破坏和谐社会的环境，导致使传统道德滑坡。从长远来看，诚信是整个人类社会赖以生存和发展的基石。为了社会的不断向前进步，大家必须遵守诚信的行为准则。目前，为追求利益的最大化，社会上尔虞我诈、见利忘义等诚信道德缺失行为重新抬头；受市场经济趋利性和自发性的负面影响，一些人享乐主义、拜金主义、极端个人主义膨胀。每年因假化肥和假种子事件给农民造成的损失常常会使农民辛勤一年的劳作成果付诸东流；因药品安全和医疗器械不合格导致的人身伤亡事故导致无数个幸福家庭的瞬间破裂；促销价格陷阱以及旅游消费陷阱等欺诈行为更是层出不穷，商家的失信行为让人不寒而栗。这些行为影响了社会的和谐稳定，严重败坏了社会风气，使人们日常的生活消费变成了一种精神负担。个人诚信下降会进一步导致失信现象蔓延，并影响人们判断道德和是非的标准，严重破坏人际社会关系的和谐关系。因此，个人诚信的缺失不仅会导致社会道德滑坡，而且对于建设公正、和谐、健康、开放的社会有百害而无一利，严重的还有可能会诱发信仰危机，必须得到整个社会的高度重视。

总之，信用缺失是我国构建和谐社会的一大公害，已经成为阻碍我国当前社会经济发展的"瓶颈"。信用缺失会危及市场经济的健康发展，影响政府在公众心目中的形象，妨碍和谐社会的构建。因此，我们应通过逐步完善社会诚信制度体系，提升社会整体道德水平，维护我国的国际信誉，提高党和政府的威信，营造良好的投资环境，促进建设有中国特色经济社会的全面健康发展。

第三节 中国社会信用缺失的原因分析

一 信用法律体系不完备

法律建设的主要目的是让失信者因失信而受到重创，进而保护守信者的合法权益，它是社会信用的第一道防线。但是目前，信用法律体系的不完备是导致我国社会信用缺失的最直接原因，这主要表现在立法方面的滞后和法律的执行不力这两个方面。一方面，在信用立法方面，我国的《刑法》《民法通则》《合同法》和《反不正当竞争法》等法律中，虽然涵盖了诚实守信的相关法律原则，以及对诈骗等犯罪行为的处罚，但这些仍不能从法律层面强有力的约束社会上的各种失信行为，与欧美等发达征信国家相比，我国现行的法规仅对某些特定信用行为的债权提供保证，缺少与信用制度直接相关的立法，不能涵盖全部信用行为，针对信用方面的立法明显滞后于欧美等发达征信国家。另一方面，在法律执行方面，受地方保护主义的影响，我国存在着有法不依和执法不严等问题。特别是某些地方基层法院在当地政府授意的影响下，在处理一些失信和诈骗案件的司法审判过程中，对本地的政府机构和企业部门有意偏袒，严重地扭曲了审判的公正性和法律的正义性，给我国的司法体系造成了极大的负面影响。与此同时，由于法院最终裁决常常难以具体执行，这无疑加大了胜诉债权人守信行为的成本，重审判和轻执行在民事案件中普遍存在等行为和现象都在客观上纵容了失信者的失信行为，进而导致了信用缺失。

二 政府行为不规范

政府既是社会诚信制度的制定者、执行者和维护者，又是公共诚信的示范者，由此决定了政府诚信在社会诚信体系中处于核心地位，在整个社会诚信体系中起主导作用。政府之所以能够行使管理人民的职权，使社会成员让渡自己手中的一部分权利，其基础在于诚信。如果政府诚信缺失，它就不能够取信于民，就不能赢得民众的支持，就会失去公信力，就会有因为失信于民而垮台的危险。与此同时，如果政府不讲诚信，企业诚信就更难以做到，个人诚信就更无从谈起。由于我国还处于社会主义初级阶段，政府职能与欧美等发达征信国家相比存在明显差别，在市场机制还不完善和成熟的情况下，我国政府不仅是经济活动的直接参与者，同时还是经济活动的最高管理者。因此，缺位和越位等行为不规范问题在实际经济管理中的频繁出现也就不可避免，这会导致政府对市场的管制作用得不到有效发挥，进而进一步助长了企业行为的短期化。

三 信用制度不健全

根据马克思的经济理论，市场经济的健康发展需要完善的信用体系，而信用能以自己特有的方式在生产和流通领域中发挥重要作用，则需要相应的制度保障。这种保障体现在失信者的违约行为所付出的成本要大于违约所带来的收益。目前，我国信用制度的不完善主要体现在以下两个方面：一方面，交易主体无法区分信用好的企业与信用差企业的现象是由社会尚缺乏相应的风险评级机制引发的，长此以往，失信企业并未因其失信行为令其自身发展受到约束，守信企业也没有因为其守信行为助力其自身的发展，进而使信行为产生的收益未能超越失信行为造成的损失。另一方面，受信息不对称的影响，失信者的失信记录未能得到广泛传播，而失信者的气焰在惩戒机制缺位的情况下不断上涨，进而严重地扰乱社会信用道德的评价标准。因此，我国信用体系的不完善和个人信用制度建设滞后，导致信用管理中介服务组织不成熟，经济行为的外部约束力不够强大，失信和守信的概率无从判别，间接地助长了失信行为，在一定程度上为失信提供了条件。

四 市场经济体系不完善

尚处于摸索和完善中的我国的市场经济运行机制和规则仍有一些不规范的地方，这使得市场自身的缺陷和体制的不健全导致了信用的缺失。这主要表现在产权制度的缺陷和信用中介市场的供需失衡两个方面。从产权制度的缺陷方面来看，权责不明、政企不分的产权制度导致了不良资产和三角债的节节攀升，与此同时，由于产权保护的缺位，在经营者在经济主体不注重对长期利益关注的情况下，就会表现出对短期利益追逐的倾向，信用的基础也就被摧垮。从信用中介市场的供需失衡方面来看，信用中介服务行业的市场化程度较低，未能形成培育信用中介服务行业市场健康发展的市场土壤，企业和个人也还没能有效建立起对信用产品的概念，使用信用产品的意识普遍淡薄。

五 信用意识与道德规范的缺乏

新中国成立后，政府、企业和个人受我国长期实行计划经济体制的影响，没能成功地建立"讲信用为荣，不讲信用为耻"的约束激励机制，缺乏现代市场经济条件下信用道德观念的培养，信用缺失的社会现象如此普遍就不足为奇了。在利益最大化观念的驱使下，即使市场上信息是对称的，人们所做的选择也会诱发失信行为发生。那么在信息不对称的条件下，只要守信的成本高于收益，或者是失信的收益高于成本，就一定会有失信行为发生。由此共同导致欺骗等机会主义行为的盛行。

六 信用数据市场开放度低

一个有效的社会诚信体系从内容上来看，应该有高度开放的信用数据市场和高度发达的信用信息服务行业。一旦信用数据是不开放、不对等的状态，会给很多失信行为提供生存空间，并在无形中消灭了守信者的行为，即失信者可以继续进行弄虚作假的行为，继续获得各种不正当的利益，守信者并不能因为自己的诚信行为引发诚信效益，获得诚信带来的利润，还要承担失信者诚信缺失行为为自己所带来的损失。目前，我国信用信息数据市场开放程度较低，对征信数据的开放与使用没有明确的法律规定，同时又缺乏规范的信息发布和收集渠道，这无疑大大增加了企业和征信机构信息获取的难度。例如，对于国内的企业来说，想了解某家企业在银行登记的财产抵押、信贷记录和法院诉讼等信用信息是非常困难的。即便是查询企业在工商登记时注册的最基本信息也不是免费的。随着市场交易主体的增加，这对于企业来说，会导致查询交易对手信用信息方面的支出逐年上升，进而间接地推高了企业征信的成本。与此同时，由于我国内信用数据市场开放程度低下，诚信信息质量也不高，就算是专业的诚信调查公司，也很难拿到企业过往全部的交易记录。受此影响，尽管我国目前有一些为企业提供信用产品和信用服务的市场运作机构，但是，竞争不规范等现象仍普遍存在，市场的产业化经营尚未形成，信用中介服务行业整体发展缓慢。

综上所述，通过上述对于失信现象社会原因的分析，可以发现，面对日益严重的社会信用缺失，舆论和情感上的谴责是远远不够的。我们应在加大社会诚信的执法监督力度和相关制度建设的同时，加强社会成员诚信道德教育，从个人的道德约束和社会制度约束两方面共同促进社会诚信的建设，加大改革步伐和力度，从而使信用缺失的问题得到根本解决，促进社会主义市场经济的健康运行。

第四节　构建信用奖惩机制的现实需求

构建有效的信用奖惩机制既是扩大经济开放程度和完善市场经济体制的必然选择，也是全面建设中国特色社会主义的内在要求。2014年以来，《社会信用体系建设规划纲要（2014—2020年）》和《关于推进诚信建设制度化的意见》等社会信用体系建设纲领性文件陆续出台，在我国已经吹响"诚信中国"建设的集结号的大背景下，进一步在顶层设计的基础上构建信用奖惩机制，需要通过促进传统诚信道德的现代转型、实现诚信的日常化规范管理和完善信用制度体系等措施来实现。

一　传统诚信道德的现代转型的需求

传统社会推崇人治，以个人和社会的道德水准作为衡量社会进步的主要标准，未能有效体现出个人权利和平等的法律意识，它与现代市场经济所要求的诚信是存在一定差距的。因此，只有对传统诚信观念进行现代转化的转型，才能建立适应现代市场经济发展的诚信体系。围绕现代社会的政治、经济和文化的发展要求进行建设是实现传统诚信道德转型的必由之路。其核心内容就是要加强诚信的现代化、制度化和规范化建设。这需要在学校、家庭、社会的基础上，构建法律支持、道德重铸和诚信回归三位一体的社会诚信教育体系。一方面，学校是社会诚信教育的主阵地，无论是基础教育还是高等教育，对诚信道德的教育和宣传应始终贯穿其始终。另一方面，家庭是社会诚信教育的辅助渠道，家长应强化家庭的诚信教育，帮助孩子树立社会诚信是为人处世基本原则的思想观念。在此基础上，政府作为诚信教育的拓展平台应通过各路媒体加强全社会范围内的信用教育和培训，加大宣传力度，让"诚实守信"道德理念深入人心，形成"守信光荣，失信可耻"的良好社会风气。

二　诚信的日常化规范管理的需求

诚信建设在使诚信管理管理有法可依和有章可循的基础上，同时还要具备日常化管理的规范性，以及方便的可操作性，将诚信管理真正落到实处。然而，这并不意味着道德约束作用的降低，我们需要将道德则作为柔性"约束"，而将法律和制度作为硬性"底线"，相辅相成，将制度与具有柔性约束力的道德标准和具有强制力的法律制度有效地结合在一起。信用管理的法律法规体系，主要包括以《刑法》《民法通则》和《合同法》等法律为代表的直接处罚欺诈失信主体的外围法及以《信用信息公开法》《商业信用保护法》和《个人破产法》等法律为代表的保障信用信息采集、公开、使用、共享的核心法律这两大类。目前，在我国信用管理核心法律法规缺位、外围法惩罚力度不够的大背景下，我们应借鉴发达征信国家信用管理法律法规的相关经验，在加快制定信用管理核心法律的同时，逐步完善诚信保护的外围法，使失信惩罚机制有充分的法律依据和法律基础。与此同时，我们还需要通过大量的宣传、走访和教育，形成"守信光荣，失信可耻"的良好社会风气，通过道德和法律共同发挥作用建立和谐的诚信社会。

三 诚信制度体系的完善的需求

只有逐步建立和完善契约制度、产权制度和诚信奖惩制度等制度，才能从源头上有效地根治"诚信缺失"，因此，制度建设是加强诚信建设的关键所在，完善的制度建设能够有力地推进社会主义市场经济的可持续发展。为了能够有效地建立安排合理、界定清晰、保护有力的产权制度，我国已成立了国有资产监督管理委员会，对国有企业的产权制度进行改革以解决国有资产出资人缺位的问题，并通过政府授权的方式向国有企业派出产权代表，履行出资人职责。为此，一方面，为了有效地解决社会经济交往中信用信息不对称的问题，我们应通过有效整合分布在税务、法院、公安、工商和金融等各部门的信息登记平台，加快建立统一的企业和个人信用征信系统，极大地提高信息利用效率。另一方面，在积极完善信用记录使用制度的基础上，通过联合惩戒机制的建立和推广，让失信者处处受限，守信者处处受益。在此基础上，通过制度建设打造出一个"时时、处处讲信用"的社会环境，最终使我们每一个人都能生活在不愿失信、不能失信、不敢失信的诚信社会环境。

综上所述，我国现实经济运行中遇到的重大难题之一就是信用缺失。目前，在我国，信用缺失对资本市场、金融市场以及各行各业都造成了很大的损害，给整个经济的健康发展造成了不利的影响。我国在积极推进社会主义市场经济体制建设的过程中，亟待解决重建信用、整顿市场经济秩序这样的重大问题。为此，我们应该通过促进传统诚信道德的现代转型、实现诚信的日常化规范管理和完善信用制度体系等方式来进一步构建信用奖惩机制，以有效地遏制失信行为对我国经济带来的危害。

第六章 信用奖惩机制运行的内在机理研究

市场交换主体是社会信用主体的重要组成部分,社会主体信用奖惩机制的构建离不开对市场参与者守信—失信行为的分析,更要对信用奖惩机制内在运行机理进行深入分析。

第一节 市场主体信用选择的内在利益约束机理

根据经济学基本原理,市场主体是否进行某种交易将取决于该交易所带来的收益与成本的比较。如果收益大于成本,交易就会发生。反之,如果收益小于成本,交易就不会发生。所以说,利益是市场主体交易的根本动机。市场主体之间交易与合作都是基于一定利益或者相似利益而发生的。交易中信用的形成是交易双方拥有共同的利益,利益越趋于一致,交易越容易达成,共同利益的拥有促使交易双方有动力和动机去信任对方。

信用的建立和维护都是有一定成本的,如果守信的市场主体得不到相应的鼓励和激励,而失信的市场主体又得不到应有的惩罚和惩戒,市场主体通过客观的比较,发现其失信所带来的收益将大于其失信所承担的成本,失信将成为市场主体的理性选择,这时,交易市场中,市场主体的失信行为就将普遍存在,因此,是守信还是失信归根结底是一个利益的得失问题。本节将从成本—收益分析和博弈论的角度,对信用奖惩机制的内在机理进行经济学分析,进而总结出信用奖惩机制的生成机理及影响因素。

一　基于成本—收益的市场主体内在利益约束机理分析

市场主体信息不对称是普遍存在的情况。那么，信息处于优势的市场主体，出于理性经济人的考虑，依据自身的信息优势，为了自己的利益最大化，受机会主义倾向的驱使，就会利用交易对方的"信息劣势"为自身谋取利益，而这时如果没有一个外在的约束机制（如惩戒机制），就会使信息优势方的机会主义行为难以被有效抑制，失信成本过低，这样市场中失信现象就会普遍而大量的存在。

市场主体的信息不对称的交易过程往往导致隐藏知识与隐瞒行动。市场主体的"隐藏知识"是指存在着信息占有优势的一方，在信息不对称条件下，信息优势方的行为人会故意隐藏信息，以求在交易中获取最大收益，从而使信息劣势方受损。例如，项目投资者比银行更加了解其拟投资项目的风险大小，但是，为了获得更低的信贷利率就会隐藏有关高风险信息，获取银行的贷款。一般这类失信行为出现在事前，会导致"逆向选择"行为的出现。

市场主体的"隐藏行动"是签约后一方利用对方不了解的信息，采取不负责任的行为，从而给对一方带来损失。这一行为往往导致"道德风险"现象的出现。

这类失信行为往往是由于当事人的行为不能被有效地监督和发现所导致的。例如，一般而言雇主很难监督雇员是否在工作中偷懒或是消极怠工，从而引发雇员的失信行为。

信用奖惩机制就是为了解决信息不对称。即通过信息显示，信息传递机制、信息甄别机制和利益约束机制来解决信用缺失问题。信息显示、传递和甄别机制就是想办法让拥有隐藏信息的一方将信息传递给没有信息的一方，或没有信息的一方诱使拥有隐藏信息的一方披露信息，从而将不对称信息转变为对称信息，达到防止失信的目的。信用奖惩机制在对失信者实施惩戒的同时，也要对守信者进行激励。无论是对守信者的奖励还是对失信者的惩罚，奖惩机制的一个基本原则就是作为一个理性人，在该机制下得到的期望效用不小于他选择其他行动时得到的期望效用，即"激励兼容"。反过来说，也就是选择

"失信行为"的期望收益一定小于他选择"守信行为"的期望收益，对失信者言，其自身利益最大化的结果就是守信。信用奖惩机制的构建就是通过严格的惩戒措施和威慑作用来控制信息不对称的危害。使市场交易主体会逐渐自发形成守信市场信用机制，形成良好的社会信用氛围。

信用奖惩机制具有的惩戒性，使市场主体如果采取失信行为，一旦被发现，就会受到各种处罚，付出相应的代价。因此，它就会考虑失信时的预期收益和预期成本问题，只有预期收益大于预期成本时，它才会有动力从事失信活动。而当失信的预期收益小于预期成本时，他就会选择守信。

失信行为所付出的成本一般由两部分组成：一是直接成本，即失信过程中直接损失；二是惩戒成本，因失信而受到的惩罚。两者共同构成失信的总成本，用 C 代表。失信的目的是获得更多的额外"收益"，即各种不正当利益，获取这些额外"利益"是市场主体选择失信行为的动力，用 R 代表。失信行为如果被发现，失信者就将遭受来自社会各方面的惩戒，此时，失信者综合总收益应为 $-(C+R)$；如果市场主体选择守信行为得到正常收益，我们用 Y 来表示；同时，我们假定企业的选择失信行为被发现的概率为 p，并且企业的失信行为一旦被发现能在交易后立即得到相应的处罚。据此，企业将根据综合收益的情况，本着收益最大化的原则来选择失信行为或是守信行为。

选择诚信时将获得正常收益 Y 为：

选择失信时其预期收益为：$-p(C+R)+(1-p)(Y+R)$。

由此可见，企业选择守信还是失信行为就必须满足下列条件：

企业选择失信的条件：

$$-p(C+R)+(1-p)(Y+R) > Y \qquad (6-1)$$

企业选择守信的条件：

$$-p(C+R)+(1-p)(Y+R) < Y \qquad (6-2)$$

由式(6-2)可得：

$$\left(\frac{1}{p}-1\right)R < (C+R)+Y \qquad (6-3)$$

在不等式的左边，R 为失信行为所带来的额外"收益"，$\left(\frac{1}{p}-1\right)$可视为由于失信行为不被发现而赋予的一个系数，正是由于这个系数的存在，才使企业敢于冒着被发现并被查处的风险而选择失信行为。

在该不等式的右边，(C+R)+Y 为企业的失信行为所承担的全部成本，其中，(C+R)为当企业的失信行为被发现并被查处时所承担的直接经济损失，Y 为企业选择守信时所获得的正常收益。

在式(6-3)中，守信的正常收益 Y 和失信行为所带来的额外"收益"R 均为常数。失信行为被发现的概率 p 和失信行为的成本 C 为变量，p 和 C 便是约束企业失信——守信行为的关键因素。因此，市场主体将依据 p 和 C 的变换来选择自己的行为。

如果假设失信成本给定不变，由式(6-3)可见，p 与失信收益成反比关系，即 p 越小，则失信收益越大，市场主体预期失信可能获得的收益越大，那么，其选择失信行为概率就会大大增加。

如果假设失信行为被发现的概率 p 给定不变，同时，守信的正常收益 Y 及失信行为的额外"收益"R 均为常数，此时，失信总成本 C 将影响市场主体的行为选择。总成本 C 越大，市场主体选择诚实守信的积极性就越大；反之，就会选择选择失信。由上述分析可知，在失信行为的成本 C 中，直接成本是市场主体选择失信行为所付出的直接损失；惩戒成本则是市场参与者选择失信所要承担的社会成本，它将成为影响市场主体选择的主要因素。

由上述分析可见，完善社会信息体系的建设，构建一个高效的信息传递系统和奖惩机制是抑制市场主体失信行为选择的重要举措。高效的信息传递系统的构建是决定市场主体失信被发现的概率 p 重要因素。如果企业的守信或失信行为能够被及时发现并被快速地在市场参与者之间传递，弱化合作中由于信息不确定而带来的影响，就会对市场主体的选择产生巨大的影响。而信用奖惩机制的构建，并实施严格的惩罚，增加失信成本 C，构成了决定企业选择守信还是失信的关键因素。因此，归根结底是奖惩机制的构建与具体实施的问题。

二　市场主体行为选择的博弈分析

20 世纪 70 年代以来，随着新制度经济学和信息经济学的兴起，博弈论分析方法开始引入主流经济学的分析范畴。市场主体之间的交易行为可看作是一种信用行为的博弈。下面我们分别对市场主体双方在无奖惩机制约束和存在奖惩机制约束情况下进行博弈分析。

(一)信用奖惩机制缺失情况下的市场主体行为选择

我们以信用交易活动为模型的分析对象,模型假定:

(1)市场上存在交易双方 X 和 Y,分别为信息优势方和信息劣势方,两者都是理性经济人,即每人都从自身利益出发做出选择。

(2)在信用奖惩机制缺失的条件下,博弈双方不存在额外的守信或失信的成本和收益,市场主体考虑采取混合战略来获得最大收益。

(3)假定信息充分,即博弈论的完美动态博弈模型。我们可以建立动态博弈模型:

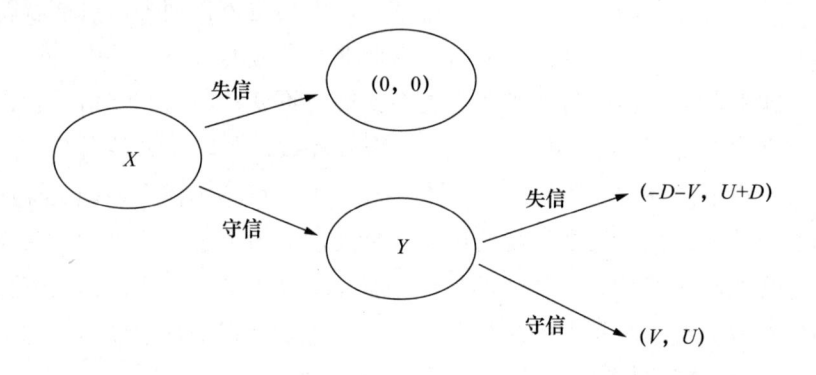

图 6-1 缺失奖惩机制的双方博弈模型

由图 6-1 可知,该博弈可分为两个阶段,第一阶段,X 拥有信息优势方处于主动地位,可选择守信或者失信,如果 X 选择失信,双方的收益为 (0,0),博弈结束;如果 X 选择守信,博弈进入第二阶段,Y 处于主动地位,Y 在 X 选择守信的基础上可选择是否守信。

若 Y 选择守信,双方得益分别为 (V, U)。V 表示 X 在信用交易活动中获得的收益,U 表示 Y 在信用交易活动中得到的收益。

若 Y 选择失信,X 不仅会损失信用资本 D(比如银行提供的贷款额),而且会损失信用交易活动中应获得的收益 V,所以其收益为

(-D-V)；而Y在第二阶段选择失信，不仅会得到信用交易活动为其带来的效用U，还会占有X的信用资本D，所以其收益为（U+D），双方得益分别为（-D-V）和（U+D）。

从第二阶段可以看出，Y在第二阶段选择是否守信其收益分别是U和U+D，U+D>U。进入第二阶段Y处于相对主动的地位，作为理性经济人会选择失信而得到更多的收益；由于信息充分，缺乏奖惩机制，作为理性经济人的X也会进行成本收益分析，X会对授信后，Y失信情况下X得到的收益与X失信得到的收益进行比较，即-D-V与0比较，很明显，-D-V<0，X会选择不守信，宁可不获得收益也不愿承担对方失信的损失。即在无成本约束状态下，（失信，失信）成为唯一的纯战略均衡，虽然这只是理论分析，但也可以看出在缺乏奖惩机制约束情况，理性市场主体不会轻易选择授信，信用交易不易达成，市场经济无法继续。

（二）信用奖惩机制约束情况下的市场主体行为选择

在上述假设条件的基础上，如果存在信用奖惩约束机制，我们可以建立图6-2的动态博弈模型。

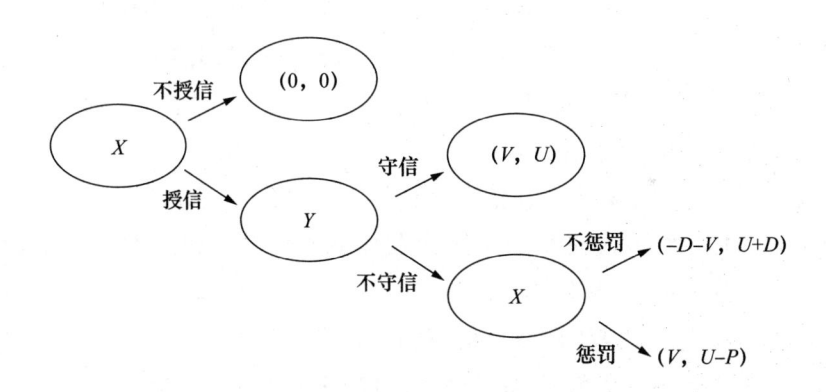

图6-2　信用奖惩机制约束下的双方博弈模型

由模型可知，我们可以分为三个阶段：

第一阶段，X处主动地位，X可选择授信或者不授信，如果他选择不授信，双方收益分别为（0，0），信用交易活动不会发生。若X

选择授信，博弈进入第二阶段。第二阶段 Y 处于相对主动的地位，Y 可在 X 对其守信的基础上选择守信与否。

若 Y 选择守信，双方收益分别为（V，U），V 表示 X 因授信给 Y 而在信用交易活动中获得的收益，U 表示 Y 接受授信而在信用交易活动中得到的收益。

由于存在奖惩机制，如果在第二阶段 Y 选择失信，则博弈进入第三阶段，即 X 在得知 Y 失信情况下，奖惩机制发生作用，可对 Y 进行惩罚或不惩罚，当其选择惩罚时，X 会获得信用交易活动中应获得的收益 V，而 Y 一方面在信用活动中得到的效用 U，另一方面会承担因被惩罚带来的损失 P，所以双方的收益分别为（V，U−P）；当 X 选择不惩罚时，X 不仅损失掉信用资本 D，而且得不到信用交易活动中获得的收益 V，所以其收益为（−D−V）；而 Y 在不守信又得不到惩罚的情况下，同时得到 X 的信用资本 D 以及此信用资本为其带来的效用 U，所以其收益为 D+U，双方收益分别为（−D−V，D+U）。

显然，X 在第三阶段可选择惩罚和不惩罚，其收益分别是 V 和 −D−V，显然，V > −D−V，即 X 会选择对 Y 惩罚而得到预期的收益；倒推到第二阶段，由于信息充分，X 作为理性经济人会选择对 Y 进行惩罚得到的收益组合（V，U−P）与第二阶段的收益组合（V，U），进行比较，对于 Y，U > U−P，Y 会选择守信。回到第一阶段，用（V，U）与（0，0）进行比较，对于 X，U > 0，即 X 会选择授信。通过上述分析可以看出，在信息充分的前提下，在奖惩机制约束条件下，作为理性经济人的 Y 和 X 经过收益成本比较，即 Y 知道 X 对其不守信行为采取惩罚时，Y 会选择守信，进而 X 会选择授信给 Y，信用交易活动产生，从上述两个模型的分析中，我们可以看到，在社会经济生活中，面对一项交易，经济主体是采取守信行为还是失信行为，是由他对该行为的成本收益比较来决定的。在交易标的物价值和正常毛利润一定的条件下，市场主体的信用行为是由守信收益、失信成本、信用维护成本决定的，其信用度与守信收益成正比，与失信成本和信用维护成本成反比。在缺失奖惩机制约束条件下，市场主体建立和维护信用投入了相当大的成本，但是却得不到相应的收益，而失信主体从失信行为中可得到巨大的超额利润，却没有相应的保障机制和约束机制对其进行惩罚，失信成本相当低，在这种情况下，失信自然成为经济人的理性选择。可见，信用状况的好坏不只是简单的道德问题，治理信用的关键在于建立信用奖惩机制，通过对这种博弈的成本和收益的安排，改变交易双方的效用函数，使守信者得到奖励，令失信成本大于失信收益，从而调整人们的交易行为，选择信用合作。

第二节 信用奖惩机制的内在生成机理

在现代市场体系中，信用是市场主体相互交易的基础，信用好坏将直接影响市场交易范围的大小，没有信用的支撑，交易就无法实现，其中贸易中的远程贸易更是难以达成，而远程贸易的发展正是历史上经济增长的重要推动力。如果信息交换和传递得不好，个人的利己思想就会膨胀，失信的行为就会难以察觉和监督。传统社会下不存在制度化的奖惩机制来约束失信行为，但其自身的惩罚和约束机制保证了交易的完成，本节研究现代社会信用体系市场主体信用奖惩机制。

一 现代社会信用奖惩机制与社会信用体系

社会信用体系是与征信业务活动息息相关的，包括征信行业、相关的法律法规、行政制度、信用奖惩机制等方面内容的社会体系。它是以完善的法律法规为前提，以信用信息开放为基础，以独立、公正且市场化运作的信用服务企业为主体，以健全的国家对信用市场的监督和有效的惩戒机制为保障，形成的市场经济条件下对失信者的约束机制和社会环境。

社会征信体系既是社会信用的子体系和基础环节，同时也是建立和形成社会信用体系的前提和关键因素。征信业务活动能够通过信用奖惩机制改善社会信用状况，促进社会成员自觉遵守信用规范。

信用奖惩机制是指社会通过司法和行政处罚、经济处罚、文化道德惩戒等方式对不守信用者进行处罚和威慑的制度，是一种正式制度与非正式制度的系列制度安排。信用奖惩机制发挥作用的原理是征信企业在开展征信活动过程中，全面记录社会成员的信用状况，并对每个成员的社会信用行为通过销售征信产品进行了广泛传播，使失信者因为不良的信用记录被社会认识，进而丧失社会信任和正常的生活便利，也就受到了社会的惩处和抛弃，从而对社会成员形成了约束力。因此，从概念上理解，信用奖惩机制是社会征信体系的重要组成部分，两者都是社会信用体系的子系统和重要环节（见图6-3）。

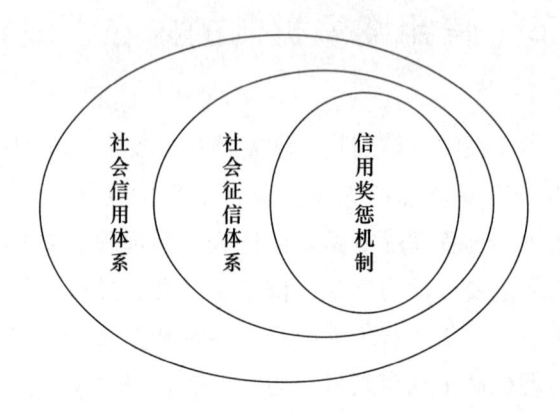

图6-3 社会信用体系、社会征信体系和信用奖惩机制关系

可以看出，社会信用体系、社会征信体系和信用奖惩机制是三个内涵有关联但又不完全相同的概念。

二 信用奖惩机制运行的内在机理

信用奖惩机制是一系列的制度安排。这种奖惩机制是具有强制性、溯及性和威慑力，特别是对已经发生的失信行为进行强制的严厉惩戒，对潜在失信行为进行威慑约束。其内在机理实际上就是通过其失信记录（信用报告）在全社会的广泛传播，扩大失信的成本，使失信者在一次交易中的失信行为扩大为对全社会的失信。把一对一、一对多有限次的不完全信息博弈，变成一方对全社会任何行为主体的无限次的完全动态博弈。

第六章 信用奖惩机制运行的内在机理研究

在信用奖惩机制作用下，对失信行为人的惩罚能使完全信息博弈的收益发生改变。市场主体在进行交易行为选择时，不得不考虑一旦失信而被惩戒带来的损失，下面我们运用博弈论来对此进行分析。

假设市场上存在 X 和 Y 交易者，X 是信息优势的一方，其守信的概率为 p。如果市场交易双方都守信可为双方带来 r 的收益。但是，如果一方守信而另一方失信，则守信方就会遭受损失 h，而失信者可获得收益为 q，被惩罚的概率为 θ，罚金为 G，则失信者失信的期望收益为 q-θG。如果双方都不守信，交易就无法完成，双方的收益都为 0；其中，q<r，其博弈过程如图 6-4 所示。由图 6-4 可知，交易者 Y 守信的期望收益为：

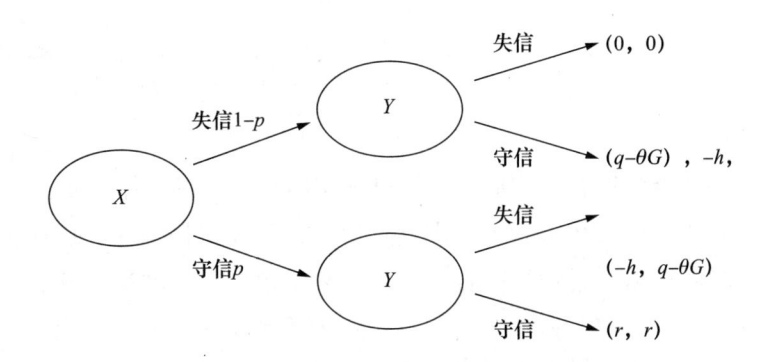

图 6-4 社会信用体系中的奖惩机制博弈

$$pr + (1-p)(-h) = (r+h)p - h \qquad (6-4)$$

交易者 Y 失信的期望收益为：

$$p(q - \theta G) + (1-p)0 = p(q - \theta G) \qquad (6-5)$$

可以看出，作为理性经济人，交易者 Y 守信的期望收益大于失信的期望收益时，Y 会选择守信。即：

$$(r+h)p - h > p(q - \theta G) \qquad (6-6)$$

当 $h + r + \theta G - q > 0$ 时，有：

$$P > \frac{h}{h + r + \theta G - q} \qquad (6-7)$$

可见，如果上式成立，Y 就会选择守信。而 X 的守信概率与受处罚的概率和罚金有关，当罚金与受处罚的概率乘积越大，X更趋向于守信。由此可见，当对失信者监督和惩罚力度增大时，市场主体不守信的成本大大增加，从而促使交易者诚实守信。

引入了奖惩机制后，市场主体可以通过购买信用报告观测自己和交易对方的信用记录，以及交易对方和企业的信用等级，那么这些信用报告与评级结果的传播和使用就会影响到博弈双方的决策。

综上所述，交易者Y可以通过购买信用报告和评级结果来决定是否与X进行交易。

在健全社会信用体系下，X知道自身的信用状况，也了解良好的信用记录和较高的信用等级会保证交易时对方Y选择与自己交易，也知道如果自己违约失信是可以获得短期高收益。

在现代"匿名"社会中，当市场主体X确信与市场主体Y进行的是一次性匿名交易时，其最优策略是违约以获取最高利润，同时两者博弈结束。

但在健全合理有效的信用奖惩机制作用下，市场主体X的失信行为会及时体现在信用报告中，影响其信用记录和信用等级。而社会中其他交易者可以通过信用报告和评级结果了解其信用状况，并做出拒绝交易的惩罚。使失信者X对单一市场主体Y的失信行为扩大为对全社会的失信。因此，出于对长远利益的考虑，市场主体X会选择守信，保持良好的信用记录，并不断提高自己的评级结果。另外，出于短期利益的考虑，奖惩机制下市场主体的失信行为也会受到严厉的处罚（如政府行政监管处罚，严重的责令退出某一行业等）。由此可见，在信用奖惩机制作用下，高昂的失信成本会使市场主体守信的长期潜在期望收益要远远大于失信带来的短期一次性收益，受利益最大化驱动的"理性"市场主体会倾向于选择守信，从而形成良好的社会信用氛围。

正式制度、司法系统、信用服务行业以及非正式制度构成的信用奖惩机制可以成为匿名社会非人格化的信用保障机制。

正式制度和司法系统是维持信用重要保障机制，有助于形成明确可信的预期。正式制度作用在于能够改变博弈双方的预期收益，从而形成稳定的纳什合作均衡。例如，对违约失信行为不仅是简单的处罚，还可能失去未来潜在合作机会，其失信成本会大大提高。

信用服务企业的核心作用是披露关于交易者及其交易物品的相关信息，降低交易中的信息不对称程度。信誉和信用是信用服务行业赖以维持的基础，如果信用服务行业和企业自身的信用出现了问题，那么整个社会的交易关系就可能会出现倒退。

信用奖惩机制形成对守信和失信行为进行扩大的机制，把双边机制下对一个人的失信和威慑，以及俱乐部制度下对特定群体内的失信和威慑，扩大为对全社会的失信，大大提高了失信成本，有利于引导市场主体的行为。

可以看出，信用奖惩机制的构建，使社会主体信用信息得以广泛传递和传播，使它们的一次性交易演变为"重复性"交易。对于现代市场经济而言，由于人口流动性非常大，市场主体经济活动十分复杂、分散，且相当一部分都是一次性的匿名交易，奖惩机制更是显得尤为重要。而缺乏奖惩机制的社会环境，市场主体就会为了追求短期利益而选择失信违约，而人口流动和分散的加剧会使受损失的市场主体很难对失信行为人进行有效的监督和惩罚。信用奖惩机制的建立，不仅对已经发生的失信行为及失信行为人进行严厉的惩戒，并能够将失信行为人的失信信息收集起来，加工整理反映在信用报告和企业信用评级中，影响市场主体之后的各项经济社会活动，客观上对失信行为起到了监督、惩罚和威慑作用。

第三节 信用奖惩机制构建的影响因素

一 市场主体交易的长期性是信用奖惩机制作用的基础

信用是长时间积累的信任和诚信度，信用形象使其构成了人之间、单位之间、商品交易之间的双方自觉自愿的反复交往，信用一旦受损或丧失，将会在一个较长时期内产生影响，直至重塑。社会信用体系越健全，企业的失信时间成本越大。长期交易可以形成彼此依赖的人际情感，在市场上存在可供选择的同类合作伙伴（甚至资源与能力的合作条件更为优越），仍然保持或存续原有的企业之间的合作关系。社会主体交易双方一旦形成稳定的长期交易关系，不仅有利于降低交易费用，而且有利于提高交易双方资产的协同效应，从而获得更多的收益。在现实长期交易中，如果社会主体之间能够形成相互信任的话，即便在不确定的环境下，交易双方仍能够以发展状态依赖的隐性合同来实施交易。失信在交易对象不变情况下的交易次数，使交易伙伴关系不可持续。因此，交易双方为了形成长期、稳定和互利的交易关系，必然会须依据交易的特征和交易方的诚信状况来确定潜在的长期交易伙伴。

当一个社会主体更多地考虑长远利益时，消费者就愿与其发生交易，长远利益本身是通过长时间信用的考验，来积聚社会对其信心。诚信是长期交易关系伙伴的基础，构建社会主体信用奖惩联动机制促进社会交易主体交易的长期信用，可以使人们能够正确地判断交易对象的信用状况和未来支付能力，避免出现无信用或不守信用现象，做出有利于自己的选择，实现信用市场上的帕累托改善。具有远见的社会主体交易，会通过建立和使用自己的信用，把信用信息公开化作为企业形象宣传的窗口，积极创造良好的信用记录。从博弈论角度看信用奖惩机制，就是把市场交易中一方对一方或一方对多方有限次的不完全信息博弈，变成一方对全社会任何行为主体的、无限次的完全动态博弈。通过交易的次数或交易时间维度的扩展，实现持续"重复"下的交易来达成交易的信用目的。因此，市场主体对商业生命周期的长短起着非常重要的作用。市场主体的商业生命周期是指参与经济交易的独立经济体的有效活动期限。自然人的生命周期为一个商业生命周期，企业及其他法人团体自注册诞生到撤并注销为一个生命周期。延长市场主体的生命周期是实现重复博弈的前提。因此，我们构建的信用奖惩机制的理想环境应有助于延长市场行为主体的生命周期，由于市场主体是由人组成的，而人的生命周期和商业生命周期具有一致性。信用奖惩机制要激励和惩戒行为责任人。对企业、政府和社会中间体等法人的行为的奖惩除对法人单位进行激励与惩戒外，也要对行为责任人进行奖惩并用。

二　市场交易空间的扩展性是构建信用奖惩机制的缘由

交易空间是以商贸交易为主要职能的空间类型，交易空间的产生与人类的交换行为活动是密切相关的。随着社会进入现代化，其经济技术、产业结构、交通模式、人类生活方式均发生了巨大的转变，受到这些因素的影响，社会交易空间逐渐出现了不同的发展趋势。在现实经济社会中，社会交易空间扩展性影响的大小主要受到信息充分程度的制约，主要是失信信息的传递速度和扩散程度。企业和个人征信涉及工商、税务、法院等多个单位部门，而这些部门的信息都是相互独立，彼此间缺乏共享渠道和机制，孤立信息无法为投资者和相关部门提供全面的信息数据，为那些失信者提供了可乘之机，增加了金融消费者的风险。

面对社会交易空间扩展产生的风险，提高市场经营主体的资信透明度，完善信息披露制度，使不同监管部门、不同政府机构、中央与地方之间进行协调，构建主体信用奖惩联动机制，为不同社会主体金融消费者提供强于一般消费者的保护，使监管工作的靶向性更明确，可以有效地缓解监管难题。通过人民银行征信数据库对企业的重大失信信息进行收集，由单个部门之间相互的重要信息共享，到通过征信数据库进行汇总，进而由各个监管部门自行获得，这样可以使企业在一处失信处处知晓，进而可以依法实施惩戒。

因为互联网已经超越时间和空间限制的约束信息交换特性，社会主体都置身于一个范围广大、透明度极高的交易场所，面对社会交易空间扩展产生的风险，为保证市场行为的有效发生，需要在依法保护企业和个人信息安全的前提下为褒扬诚信、惩戒失信创造条件。在全国统一的信用信息共享交换平台建设中采用统一社会信用代码，有利于信息共享和利用。政府部门、社会公众通过统一社会信用代码，形成可供利用的大数据资源，实现各地区、各部门信息共享。

信用奖惩机制对行为人的制约和约束，除依赖交易在时间维度上的扩一展外，还依赖交易空间的拓展即交易人数的增加来达到对信息优势方制约的目的。由一方对一方，或者多方的博弈，转变为一方对全社会的博弈。这里的全社会就是指信用交易机会的广泛化，即在一定时间范围内增加信用交易的潜在交易对象和范围。信用奖惩机制的理想环境应有助于增强使用信用机会的广泛性，或者有利于交易范围的拓展。打破地方封锁和推行贸易自由化，提高了市场透明度，积极融入国际化和全球化进程，是拓展信用交易空间范围的必由之路。对于个人而言，个人总是无时无刻不与社会成员发生各种交易关系；对企业而言，交易范围的扩展为制约失信行为，提高失信成本提供了条件，有利于守信者预期获利空间和交易发生的频率，引导市场主体，从而成为失信惩戒机制实现失信成本扩大化的重要前提。

三 市场参与者的失信成本扩大化是信用奖惩机制作用的目的

失信成本是指失信者因失信行为而付出的代价，主要包括道德成本、经济成本和法律成本。网络具有克服空间限制和信息稀缺的优势，使失信行为公之于众。通过建立失信网站"黑名单"制度，失信成本大于失信收益，失信能带来社会主体的损失和制裁，使失信行为无利可图，经济主体就会根据趋利避害的原则，尽量避免失信行为，从而促进信用环境的好转。

现代社会信用体系中的信用奖惩机制对失信者的惩戒是全方位的，具有强制性和巨大的威慑力。失信者的失信成本不仅包括本期失信所导致的各种损失之和（如罚款、司法处置和信用等级下降等），还包括因本期失信而失去的未来获得潜在收益的交易机会。因此，一方面强化对业已发理的失信行为的惩戒，完善相关立法。严格执法等将有利于增加违约失信者的预期违约成本。另一方面培育市场化的信用服务企业主体，培育信用市场需求，通过信用报告的销售和使用来传播失信行为人的失信记录，并借助社会媒体提高违约的曝光率，把失信者对交易对方的一次性失信行为转化为对全社会的持续性（失信记录期限内）失信，将提升失信若在一定期限内获得未来潜在收益的机会。在这里，加强和加快信用公开和信息透明度，提高信息的共享程度，培育市场化信用市场主体和信用市场需求、健全法制建设是关键。合理有效的失信惩戒体系应该具备扩大失信者失信成本的机制，使失信者付出高额的交易成本，一处失信、处处受制约。

为达到对行为人的激励与惩戒就要实施联合惩戒和全社会覆盖，全覆盖社会信任体系通过完善信用管理体系，规范信息传递和披露机制，建立覆盖全社会的、严格的信用监督、奖惩制度，征信降低了交易中参与各方的信息不对称，避免因信息不对称而带来的交易风险，从而缩小预期成本与真实成本差异程度，起到全方位显现和揭示真正的失信成本，使失信者失信隐蔽成本显性化。

连接各地区、各部门信用信息系统的信用信息共享交换平台建设，随着金融、工商登记、税收缴纳、社保缴费、交通违章等各领域信用信息的逐步纳入，最终实现覆盖全部信用主体、所有信用信息类别和全国所有区域，整合形成公民、法人和其他组织信用档案，并按照有关规定为政府部门、社会公众和征信机构提供信息服务。采用统一社会信用代码建立的全国信用信息共享交换平台，政府部门、社会公众通过统一社会信用代码，可以有效识别主体身份，将分散在各地区、各部门、各领域的信用记录归集整合到当事主体的名下，形成完整统一的市场主体信用档案。各地区、各部门信息共享，并与社会和市场各方面信息交换整合，形成可供利用的大数据资源，建立跨部门联动响应和失信约束机制，依法对企业注册登记、行政许可、行政处罚等基本信用信息以及企业年度报告、经营异常名录和严重违法失信企业名单进行公示，提高市场透明度，并与国家统一的信用信息共享交换平台实现有机对接和信息共享，使失信者失信成本扩大化，为惩戒失信创造了条件。

四　市场参与者守信的激励是信用奖惩机制作用的目标

"信用"是指在交易的一方承诺未来偿还的前提下，另一方为其提供商品或服务的行为，是随着商品流转与货币流转相分离、商品运动与货币运动产生时空分离而产生的。信用文化属于意识形态范畴，是植根于人们心中的观念和理念，良好的信用文化与社会环境形成良性循环，对社会发展有长远而深刻的影响。

一项好的制度一定要对遵守制度的人和组织进行有效的激励，对守信者守信的合理激励有利于引导市场主体的行为，形成合理预期。信用是一种有价值的商品，是稀缺资源，通过失信惩戒机制来生产和维护它们是有代价的。我们要构建的失信惩戒机制以及其作用的发挥一定是低成本的，否则，守信就不会发生；也就是失信成本一定要高，守信成本一定要低。合理有效的失信惩戒机制应当是这样的，生产和维护信用的成本或者市场主体的守信成本能够最小化，失信成本最大化，这是检验失信惩戒机制是否合理有效的重要标准。

　　社会主体信用奖惩联动机制可以使多数社会主体能够了解其双边交易中对手的相关信息，加大对守信主体的跨区域业务支持力度，保证这些社会主体中形成的双边关系可以维持诚实的行为，诚信社会主体的行为方式将为他建立起声誉。可依据合理、合法、合规原则，对守信社会主体日常监督管理、公共资源交易、行政许可、信贷支持、表彰评优等工作中给予一定便利条件，例如通过将获得诚信主体作为奖励信息录入省公共信用信息平台，记为"红名单"，对守信者给予表彰宣传。

第七章　信用奖惩机制的总体框架设计与运行机理

传统"村落式"相处模式下，人们的活动范围仅局限于附近的村落，"小范围式"的活动空间，很容易造成"一旦失信，寸步难行"的局面，"失信成本"巨大；相反，守信资本的收益牢固，使诚信受到了社会的无比重视。随着社会的转型，人类从农业文明进入了工业文明后，交往的范围扩大，社会的流动性增强，人类活动也逐渐面临着"不确定性"和"陌生性"，交往的对象也因此而变得陌生和不可控制。由于互联网的出现，虽然交往对象的"陌生性"没有改变，但是，获悉交往对象的诚信状况不再遥不可及，诚信监督的范围突破了地域、国家的限制，互联网真切地再一次实现了诚信"地球村"梦想。但是，互联网又是一把"双刃剑"，它给人类带来实现诚信监督的途径的同时，又由于传播迅速和信息量庞大，导致了新的"信任危机"浪潮，而市场经济又被称作"信用经济"，这足以说明"信用"在市场经济发展中的重要作用，"民无信而不立"，市场如果没有信用的存在也将不会长远的发展，企业作为市场这个主体的细胞，信用企业的建立也就是"信用市场"的构建。中国自古以来就崇尚诚信，但现如今国民生活改善，思想层面却没有与物质生活同步发展，失信问题屡屡出现。因此，诚信再次从国家的战略层面和企业的发展规划中都受到了广泛的关注。

因此，无论是环境的变化需要我们要创造一个诚信社会，还是失信成本的巨大强迫市场参与者必须遵守诚信的规则，信用问题的解决迫在眉睫，为了努力营造诚信的市场环境，信用奖惩联动机制作为重要的引导者和约束者，其建立也箭在弦上。

信用奖惩机制建立既需要产生的动力，也需要实施的基础。"大数据"时代为奖惩机制的建立提供了契机，现在信息量每日以爆炸式的速度增长，它为我们评价市场主体信用状况奠定了信息基础，基于大数据建立的"芝麻信用"等信用评价工具也为我们建立信用奖惩联动机制提供了技术支持和实践经验。大数据时代为信用奖惩联动机制建立起到良好的助推作用。综观世界，不同国家的信用奖惩发展状况各不相同，有以美国为代表的市场联动型信用体系以及以日本为代表的行业信用体系，虽然起作用的方式不同，但相同的是这些国家的信用奖惩都具备了完整的信用奖惩法律制度，这为我国在建立信用奖惩机制中提供了借鉴。而且，2014年国务院颁发了《社会信用体系建设规划纲要（2014—2020年）》将信用奖惩体系的建立提上了国家的战略层面上，各省份也积极响应国家的号召，颁布地方性的信用征信体制的管理办法，促进我国诚信社会的建立，浙江以及湖南长沙等地的信用奖惩实践也为实现覆盖全国的信用奖惩提供了宝贵的经验。虽然目前我国的信用奖惩联动机制尚未形成，"守信奖励，失信惩罚"的制度也尚不健全，征信服务的行业也不够成熟，但是，在政府的高度重视下，建立信用奖惩机制和实现诚信社会的目标指日可待。

第一节 信用奖惩机制设计思路与原理

一 信用奖惩机制设计思路

（一）制度经济学角度

社会信用是社会主体得到了对方的一个"有期限的信用额度"，激进派的代表人物杜格认为，最安全、最有效地控制他人的方式就是通过势力来改变他的价值，但是这种通过强迫进行的社会控制只是暂时的，要想实现更持久的社会控制必须以改变他人的内在价值观念为基础。因此，从制度经济学的角度看，杜格认为制度作为组织化的行为模式，又是模式化的思想习惯，可以改变人的价值观和思想习惯，建立信用社会，实际上，其最重要的就是建立一套行之有效的信用奖惩机制，这样随着时间的推移，奖惩的制度将会深入社会主体参加社会实践的思想意识当中，会对价值观的形成产生积极的影响，进而影响社会主体的实践活动。

诺斯认为，制度是一个社会的游戏规则，这一系列规则由正式制度和非正式制度所构成。

正式制度是人们有意识构建和确立的一系列制度安排，它通过法律规定来约束人们的行为，主要包括国家法律、政府政策条例和规则、公司规章、经济合同等，由一定权力机构强制予以实施，可以对市场主体进行约束。

非正式制度是人们在社会生活中逐步形成的，它通过意识形态、道德潜规则等发挥作用，主要包括价值信念、伦理道德、文化传统、风俗习惯、意识形态等，是社会约束体系的重要组成部分。

因此，我国信用奖惩机制的制度体系可分为正式制度机制和非正式制度机制。

（二）机制设计角度

机制设计需要解决的是信息成本和机制的激励问题。任何一个经济机制的设计和执行都需要信息传递，而信息传递都会产生成本，因此，对于制度设计者而言，把信息空间的维数降得越少越好，这样，可以尽量减少获取经济活动参与者的信息成本。所谓机制激励问题是指在所设计的机制下，不仅能够让参与者实现个人利益，同时也能达到机制设计者设定的目标。真实显示偏好和资源的帕累托最优配置在没有有效的、分散化的经济机制的约束下是不可能同时达到的，在社会实践过程中，只有当社会选择的规则、政策倾向于那些守信用的企业时才能激励那些有"失信"念头的企业遵守诚信，这时不守诚信并没有什么好处；相反，守诚信会获得更大的利润。

从机制设计的角度可以把信用实现问题具体化成一个激励的问题（激励可分为正激励和负激励），正激励可以鼓励社会主体信用的正向活动，负激励则可以惩罚社会上不守信用的活动，引导不良信用活动向正向发展。如何设计一套有力的制度，来监督约束社会主体的信用实践活动，这就需要奖励制度和惩罚制度联动来约束社会信用市场活动，形成健康富有活力的良性循环的信用市场。

（三）市场主体角度

市场主体是指在市场上从事经济活动，享有权利和承担义务的个人和组织体。各类主体包括个人、企业、政府等其行为都带有明确的动机，即在满足社会需要的同时尽可能地追求自身利益最大化为目标。从历史的经验来讲，信用是基于各类主体上不同的行为方式产生的，这些方式包括购买、消费、市场波动、信息不对称等社会活动，但是，最根本的因素还是市场主体对个体利润或者集体利益的不断追逐。因此会出现个人信用的缺失和产权不明晰，企业经营者和劳动者个人权利和义务没有制度性的规定和内在约束，企业、个人会由于一己私利不考虑社会道德产生失信行，腐蚀社会风气。因此，需要建立和完善信用奖惩专有的法律法规，并设立相应的监督机制，切实发挥制度应有的作用，规范投机行为，规范信用市场，通过奖惩机制引导良好的主体行为，优化市场的信用环境，使社会主体的信用活动成为一种良性循环。

（四）系统失信惩戒角度

市场经济是一种信用经济，其运行更加依存和依赖于信用。社会主体信用奖惩机制就是发挥市场手段对社会主体的"失信行为"进行惩罚，并行对守信企业给予奖励的市场机制。系统失信惩戒是一个由失信惩戒的实施者与被实施者在法律制度框架约束下共同运营的一个系统体系，它以信息公开为前提，以市场调节为实现手段，是一种非正式的社会惩戒机制。所以，其最重要的是核实体系中的实施者和被实施者，确定好被实施对象是指失信行为责任人，具体是指失信行为个体、失信企业及行为责任人。

二　信用奖惩机制设计原理

结合前述几种设计思路和对信用奖惩机制生成机理的分析，可将信用奖惩机制设计原理归纳如图7-1所示。

由图7-1可见，信用奖惩机制将市场主体自发约束机制与环境分开。市场奖惩机制可从信息传递机制和激励约束机制两个方面展开；外围环境可分为正式机制和非正式机制两个层面；正式奖惩机制制度安排主要是指法律法规约束下的司法奖惩机制、行政监管奖惩机制和政府授权下的行业奖惩机制，它们对信用行为及责任人进行奖惩和监控；非正式奖惩联动机制是指社会奖惩机制，通过信息传播，引导社会行为。因此，对信用奖惩机制的设计可分为市场自发约束机制、正式制度机制和非正式约束机制三个部分。

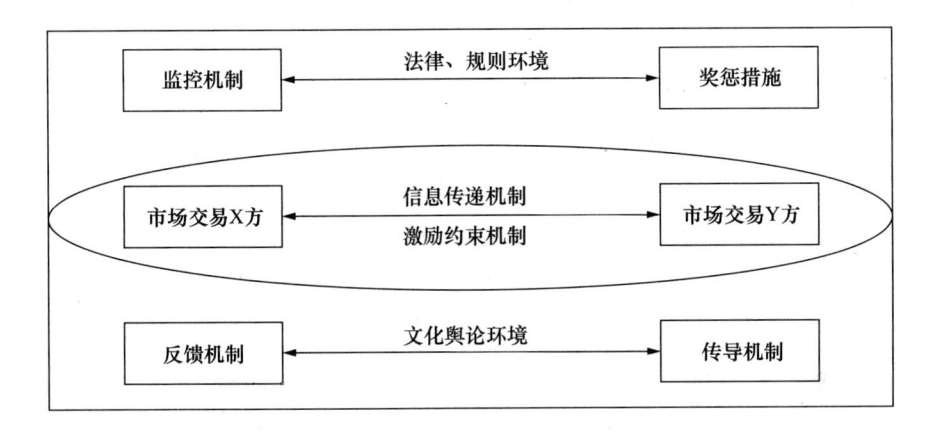

图 7-1 信用奖惩联动机制设计原理

（一）市场自发约束机制

市场约束机制是指市场通过对企业活动进行监控和管理进行的约束，把落后或不稳健的企业逐出市场，使市场能安全地、稳健地发展。从监管操作角度看，市场约束的具体表现形式之一就是强化信息的披露，及时将信用状况反馈给个人或者社会，发挥市场的自发监督和约束，使好的信用活动得到鼓励和支持，不良的信用活动得到应有的惩戒或得到社会大众的一致排斥，以此来逐渐减少不讲信用的行为，逐渐优化社会主体的信用状况，提高信用度。

在市场化的环境下，市场约束的运作机制主要是依靠利益相关者之间相互的利益驱动。由于市场信息的不对称性，处于交易双方的信息劣势的一方会通过市场的征信机构来弥补这方面的不足，降低由于对交易对方的不了解带来的对方失信风险，同时根据征信机构利用市场的经验数据对市场中的主体进行分类，拒绝与信用状况不好的企业进行交易；而信用状况良好的企业，会主动地发出信用信号，影响其他主体做出的行为，提高自己的市场信誉，回避信息不对称可能带来逆向选择。例如，银行的利益相关者，出于对自身利益的关注，会在不同程度上着重关注其利益所在银行的经营情况，并根据自身掌握的信息对这些信息的进行判断，必要的时候采取一定的措施，这种措施会对银行在金融市场上的运作产生多方面的影响。据此原理，社会主体的信用实践活动也应该受到自发市场机制的约束，亚当·斯密认为，"个人满足私欲的活动将促进社会福利"，在市场经济的条件下，个人、企业、政府等市场主体的活动均是以"个体私利"为目标，进而选择方式实施活动。因此，在实践活动中，社会主体的信用过程具有多变性和复杂性，需要利用自发市场机制的原理使奖励和惩罚联动。

(二) 正式制度约束机制

在我国的社会实践活动中，正式制度是指一些成文的规定，我国包括人大以及国务院和地方制定的法律、法规、规定、合同等，也包括企事业单位制定的公司内部规定。它们以明确的形式被确定下来，并且由社会主体所在的组织进行监督，运用强制力来保证制度的实施，以达到维护社会成员利益的目的，主要包括法律约束机制、政府行政监管机制和行业惯例等民间制度约束机制。对社会成员来说，正式制度对社会主体的活动是一种外在的约束，无论是否愿意，任何社会成员都不能免除这种强制性约束。所以，正式制度约束又称正式约束。主要包括：

1. 法律约束机制

法律是一种典型的正式制度。法律通过界定和保护产权来维护交易的权利，为惩戒失信行为奠定了基础。目前，北美、欧洲国家的信用奖惩体系已经发展的较为成熟，很大程度上也取决于其信用立法的完善，信用法律制度的建立减少了活动不确定性和复杂性的影响，尽可能地使信用行为发挥正面的激励作用，引导社会的主流导向，并且严厉惩罚有不良信用记录的社会主体，减少不良信用的社会现象。

2. 行政监管约束机制

失信行为的产生多数情况下是由于信息的不对称，通过政府制定法规、制度约束企业的行为，这是成本相对较小见效快的方式，而实现法律的约束目的必须建立与之配套的行政监管约束机制，目前我国处于社会主义的初级阶段，市场发展还不是很成熟，政府这只"看得见的手"就是为了防止市场调失灵所必需的行政监管。

3. 行业惯例等民间制度约束机制

行业惯例等民间制度是介于正式制度和非正式制度之间的一种自发性制度。由于行业惯例具备类似法律的内容和形式，其制定也逐步程序化和规范化，因此，行业管理在得到政府部门授权下可以上升到正式制度层面，相应弥补了法律的缺陷。在市场经济条件下，行业管理等民间制度约束机制维护信用更加灵活有效、成本也更低。因为行业惯例的制定都是行业根据长期发展和共同需要，在协商之下共同制定对行业发展有利的相关规则，并自愿承诺遵守，然后由行业协会等第三方有组织地进行监管和执行，如行业内部的进入和退出等自我管理机制就是典型例子。在国外，非营利的第三方组织协会在市场中发挥积极作用，其内部惯例和制度有效地抑制了失信行为的发生。

（三）非正式制度约束机制

非正式制度，又称非正式约束，是指社会主体在长期社会交往过程中逐步形成，并得到社会认可的、约定俗成的、共同恪守的行为准则，包括价值信念、风俗习惯、企业文化、道德伦理、意识形态等。在非正式制度中，意识形态处于核心地位，因为意识形态既可以包括价值观念、伦理规范、道德观念和风俗习性，还能在形式上构成某种正式制度的"先验"模式。在某种情况下，非正式制度的约束力比正式制度的约束力更强、作用更加深刻，非正式制度主要靠社会主体内在的自觉性、自我约束，是一种自我实施机制，一旦形成就将会长期存在并影响社会活动，其变迁缓慢渐进、其影响长期持续，其范围宽广深入，因此建立社会主体信用奖惩联动机制时，不仅要完善正式制度，也要加强非正式制度的建设，充分发挥非正式制度在信用奖惩中的"软实力"，只有正式制度与非正式制度相辅相成，才会使信用奖惩制度切实发挥作用。例如，早期的个人借款活动，都是在亲戚朋友间互相借款，但是，当时法律意识淡薄，并没有打欠条、立字据的意识，借还款行为仅是依靠个人的长期信誉、社会道德和人情亲情的约束。对于这样类似的信用活动，正式制度的约束并不能有效地发挥作用，维护主体的权益。所以，只能靠非正式制度的约束，保证信用活动的进行。

第二节 信用奖惩机制的基本框架的构建

一 信用奖惩机制基本框架的设计

（一）信用奖惩机制的功能

信用奖惩机制的功能，顾名思义，就是用奖励制度和惩罚制度联动来约束社会主体行为，对被评定为诚信示范的企业或个人给予多种奖励以及表彰宣传，鼓励其向更好的方向发展；对于失信企业或个人，创立"黑名单"制度，将不守信行为记录在案，打击不守信的行为人，发挥警示和震慑作用。信用奖惩机制是对社会中投资者的一种负责任的态度，也是对参与市场活动的市场主体维持市场公平公正的有力手段，强迫性的要求企业或个人向着"信用化"的方向发展。一般来说，完善的奖惩机制应该具备以下功能：

1. 依据法律法规，形成标准化奖惩的体系

法律是实现信用社会的基本保障，又是约束社会行为的基本手段，在构建信用奖惩机制的过程中，必须坚持以法律为依据，以事实为准绳，对市场的守信行为给予鼓励，对失信行为进行严厉的惩罚，形成标准化的规范体系。

2. 依托信用信息的共享平台，及时地对信用信息进行传递和记录

信用信息共享平台是实现信用奖惩的基础，在建立信用奖惩机制的体系时，必须坚持信用信息的联动共享，保证参与社会活动的主体获得透明、真实、及时有效的信息。同时，信用信息只有被有效地采集，才能快速地传递给社会的诸多部门，实现对"守信奖励、失信惩

罚"的目标。

3. 形成奖励与惩罚共同约束的机制

信用奖惩机制首先起到的就是对守信企业的奖励和失信企业的惩罚作用，这种做法间接的是对守信行为的倡导和对失信做法道德的谴责；其次，信用奖惩机制要起到一种引导的作用，通过对守信行为的名誉、经济、行政等奖励，在市场上形成一种榜样的力量，也通过对失信行为人的惩戒、引导和强迫方式促使失信行为人向好的方向发展。

信用奖惩机制的建立迎合了国务院印发的《社会信用体系建设规划纲要（2014—2020年)》的提出，力争在2020年实现信用基础性法律法规和标准体系、征信系统和监管机制基本建立，创造一个"守信光荣、失信可耻"的和谐社会。

（二）信用奖惩机制的基本框架

遵循上述构建信用奖惩机制的设计思路、原理和功能，笔者试构建信用奖惩机制基本框架如图7-2所示。

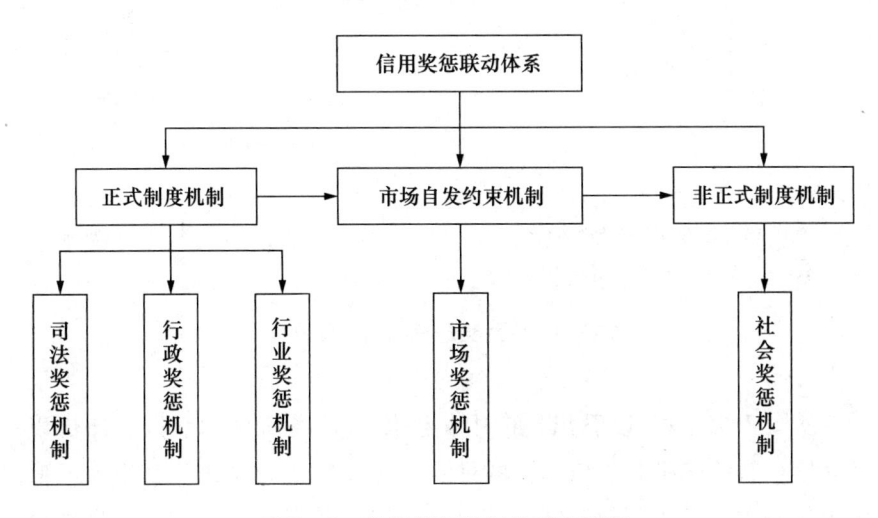

图7-2 信用奖惩机制的基本框架

从图7-2中可以看出，信用奖惩体系是一系列的制度安排，是由信用奖惩的实施者和被实施者共同构成的一个系统运营机制。信用奖惩机制基本框架包括正式制度机制、非正式制度机制和市场自发约束机制三个层面，由市场奖惩、行政奖惩、行业奖惩、司法奖惩和社会奖惩五种机制构成，这五个方面紧密联系、相互影响、相互制约，这是一个在政府推动下全社会参与的社会系统工程。其工作流程如图7-3所示。

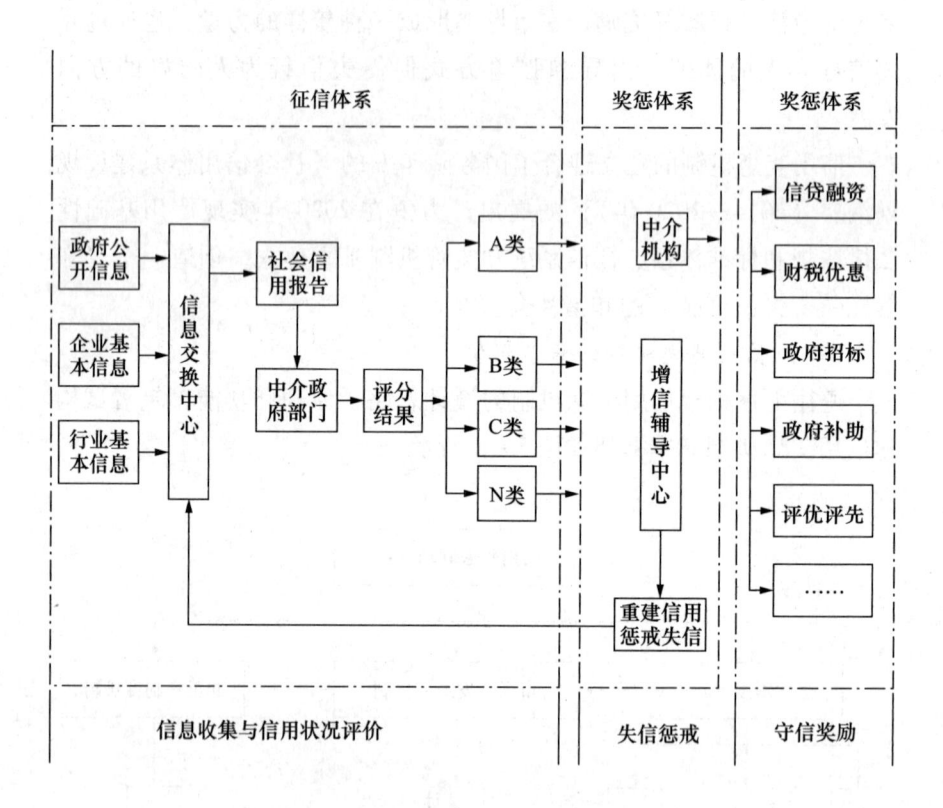

图7-3 信用奖惩机制的工作流程

从图7-3中可以看出，信用奖惩体系是集信息的获取、评价以及守信行为的奖励和失信行为的惩罚一体化的机制系统。其中，征信体系是信用奖惩机制建立的基础也是难点，我国目前的信用信息平台的建立和共享的联动机制还尚未成熟，信用信息的来源主要依靠政府和银行，形式单一而且对于企业的信用状况的描述也不够全面；奖惩体系是实现信用奖惩联动机制目标的重要手段，信用奖惩机制通过对征信体系和奖惩体系的整合，实现了信用奖惩机制的良好运行。

（三）信用奖惩机制的运行机理

机理就是为了实现某一特定的功能和目标，各种要素相互作用、相互制约的运行原理，信用奖惩机制，作为实现信用社会的最主要的途径，其运行也需要遵守一定的机理。

信用奖惩机制就是基于信用记录的形式对信用主体的行为予以准确的记录、保存和标志，并将其置于全社会的监督控制之下，通过市场、行政、法律、行业自律及社会道德等综合机制给予信用主体及时适当的奖惩，使失信者付出高昂的交易成本，把失信行为人的个别失信转化为对全社会的失信，使失信者一处失信，处处受制约；使守信者得到应有的名誉的、经济的好处。信用奖惩机制运行机理如图7-4所示。

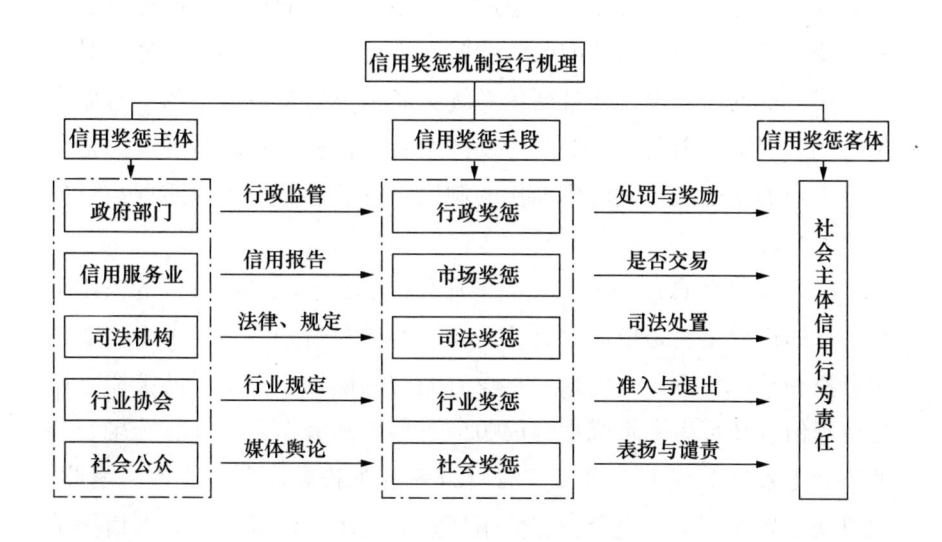

图7-4 信用奖惩机制运行机理

从图7-4中可以看出，信用奖惩机制是信用奖惩主体综合运用市场、行政、司法、行业和社会奖惩机制对信用奖惩客体，即行为责任人（个人—行为人、企业—企业和企业责任人和政府—组织及行为责任人）做出的综合性奖惩。

二 信用奖惩机制的约束条件

（一）信用信息的公开

信用信息的公开是指征信机构是否可以对合法的信息实现快速的查询、整理和使用，实现企业的信用评级和信用报告的公开，实现信息的透明化。信用信息的公开，令市场中交易双方对于交易的对象的信用状况都有所了解，这样，他们就会选择与信用状况良好的企业进行业务的来往，信用不佳的企业就会被市场中的其他企业所排斥，这本身就是对失信企业的一种惩罚。因此，市场参与者的公开信用信息，提高了自己企业的声誉和为征信服务系统提供信息基础的同时，也实现了对市场环境的净化。要实现信用信息的公开必须做到以下几点：

（1）政府的监管以及标准化制度的制定。我国的"信用奖惩"机制才初步建立，市场处于动态的变化当中，企业信用状况评价也不断改变，但是，信用信息的收集和整理需要一定的时间，这样容易造成信用评价的滞后性，而且征信系统又尚未对信息系统中的信息做出标准化的规定。因此，需要政府发挥监管的作用，在政府现有的信用信息平台的基础上，做出标准化的制度，有秩序、高效地实现信息的收集和整理。

（2）丰富信息的来源和统一信息系统的建立。目前我国的信用信息获取的途径主要是依靠政府的公布，其途径过于单一，中小企业基于自身利益的考虑，对信息发布没有做到准确性、完整性的披露，而且由于信息平台尚未系统化，信用信息零散地分布在工商、金融、行业协会等各自系统中，增加了信用服务企业获取信息的成本。因此，政府要主导、协调、整合各方信用信息资源统一建设标准化的信用信息平台。

（3）信用信息的独立性。信用信息的公开是面向全社会而言的，便于社会公众获取高效的、符合需求的信用信息，以此做出高效的决策，所以要求信用信息的发布要求做到独立性，避免一些因素如司法、权利等对信息真实性的干扰。

（4）失信惩戒标准的制定。由于我国的经济发展还尚未成熟，如何做到对失信企业标准合理的衡量，不至于因为对失信企业惩戒的范围过大，影响到市场的稳定，又能够通过奖惩建立一个诚信的社会，都需要全方位的考虑。

（5）虚拟市场信息的建立。目前，我们对信用信息的搜集评价更多的是基于实体经济，还没有具体细分到对网络虚拟企业的信用状况做出评价，但是，随着互联网经济的发展，虚拟市场越来越繁荣，做到对虚拟市场失信状况的公示和管理，是我国政府面临的更大挑战。

（二）信用服务市场主体的培育

信用奖惩联动机制未来的发展应该是以市场为主要的惩戒主体，随着征信系统的不断完善，应用范围的不断扩大，征信系统的主体也呈现出多元化以及多层次化，其中主要包括政府部门、金融机构、行业协会，以及未来将成为主力的中介机构。诚信服务体系的建立，有利于激发诚信的潜在价值，开发有关诚信的产业链，征信产品的开发和经营，最重要的是诚信服务市场主体的培育，这不仅能够促进市场的有序发展，而且能够规范市场的诚信水平，所以，信用服务市场主体的培育主要做到以下几点：

（1）标准化制度的建立。建立信用服务市场主体的操作规范、评价准则、信息公开的制度，这样不仅使服务市场主体有法可依，还可以对其他行业起到榜样的作用，保证了信息产业链的价值性。

（2）辅助手段的应用。借助于大数据的信息平台以及技术平台，对市场的信息进行挖掘和整合，实现信用信息功能的完善和多样化，丰富市场服务主体的功能和作用，鼓励各行各业实现与信用服务市场的对接，壮大信用服务市场的主体，形成完全竞争化的市场，促进信息的最优化配置。

（3）同行业之间的研讨交流。鼓励"诚信服务市场"把自己建立的诚信制度开放共享，让诚信制度不完善的企业向优秀的企业取经学习，加快市场主体培育的步伐。

（三）法律法规的健全

法律法规的健全，既是实现信用信息市场的基础，又是实现信用社会的强有力的保障。具体可行的法律对企业行为产生"标杆"的作用，所以，无论是政府还是企业的管理者首先要做的就是对实现"信用企业"做出制度的规范。市场是复杂的，存在地域、行业等的差异，制度的建立也不能"一刀切"，在政府做到领头作用的同时，也应该给予地方充分的权利，因地制宜，因企业而论，制定适用于不同企业的信用制度。如下各个不同的省份根据自己的特点制定的信用规划以及纲领性文件。我国部分省份已经建立了符合地方发展的法律、法规以及政府性文件，但从实践来看，专有信用立法却处于相当薄弱的阶段。所以，推进信用立法的出台，以及信用专项法律、法规的建立，加快标准化信用信息管理制度迫在眉睫。

（四）信用人的奖惩跟定

"黑名单"制度最先起源于牛津大学和剑桥大学，它的作用是对一些学生的不良行为予以记录，督促其改正，后来就被广泛地加以沿用，现在"黑名单"制度在信用奖惩机制中的应用也是对市场主体的信用行为的一种跟定，让失信行为的企业在市场上无处可逃，所以，"黑名单"在一定程度上可以帮助我们实现诚信的激励和督促作用，减少失信行为的发生。

"信用人奖惩的跟定"这种做法会把企业的信用记录通过现代信息系统的共享扩散到企业活动涉及的各种领域，政府与行业还会在企业后来的经营过程根据现存的信用记录定期的、动态的对企业的信用状况分析评价，真正实现信用真实描述的作用。目前，发达国家信用记录已经实现了终身跟定，而我国由于信用信息的共享还处于起步阶段，提高信用人奖惩的跟定制度实现信用奖惩的目标有待完善，急需建立在不侵犯个人隐私的情况下，建立市场主体的信用信息档案，将个人和组织用统一的、标准化的代码予以记录，实现信用信息像身份证和组织机构代码一样，跟随一生。

第三节 信用奖惩机制的主要内容及其运行机理

信用奖惩机制是一种社会机制，它包括市场自发约束机制、正式制度机制和非正式制度约束机制三个层面，由市场奖惩、行政奖惩、行业奖惩、司法奖惩和社会奖惩五个机制构成，具体作用于一国市场主体信用行为。目前，社会各界已经认识到，信用奖惩机制的建立、完善和运行既是现代社会信用体系的关键环节，又是整顿市场经济秩序的治本之策。

一　市场奖惩机制及运行机理

（一）市场奖惩机制的内涵及功能

1. 市场奖惩机制的内涵

信用是指处在一定社会关系中、参与社会实践活动的人及其群体长期积累的信任和诚信度，作为一种非制度性的制约，它规范着市场的运行秩序，但是从商业领域来观察，诚信作为一种未来能带来经济的资源，信用的建立会带来市场经济的发展，所以建立信用奖惩机制，最重要的是建立市场奖惩机制。

市场奖惩机制的含义就是市场中经济活动的参与者，在市场的监管下，会由于其行为是否符合信用奖惩的评价标准，受到来自市场的约束，包括市场对诚信企业或公民给予开放政策的奖励，如降低准入门槛、提供融资渠道等，对失信的企业或公民实行惩罚性约束，比如提高市场准入条件、减少金融机构贷款等。

2. 市场奖惩机制的功能

市场奖惩机制的出现，是市场对于市场主体参与者行为的一种评价。市场对那些行为符合市场规则的主体积极地进行鼓励，但是，对那些不守信破坏市场的主体，市场也毫不留情地予以惩罚，为了营造良好的市场环境，市场奖惩机制应具备以下功能：

（1）激励作用。参与市场经济行为的企业和个人都是"理性"的行为人，企业坚持遵守信用必然是因为"信用"带来的经济利益或者是其他收益大于失信所带来的好处。激励分为正激励与负激励，市场奖惩机制最重要的措施是对失信行为人的惩戒，失信的惩戒间接的是对守信行为的激励，如最高人民法院联合八大部门公布"老赖"的名单，同时执行了不允许名单库中的"老赖"乘坐飞机的措施，对"老赖"进行惩戒的同时还激励其他企业一定要守信，这样的做法推进了奖惩机制的创新,有效地激励了诚信企业的产生。

(2) 约束作用。机制是机制设计者对其目标对象设计了一个规则,对于那些不守规则的企业,就应该受到市场的抛弃,市场奖惩机制主要是利用对于失信企业的失信行为扩大化,让失信者的行为人人知晓,把交易双方的失信行为扩大到失信者与整个市场的失信行为,引起大家的"围观",加大失信者的失信成本,约束失信者的行为以符合信用规则。

(3) 推动经济的繁荣。经济的发展产生了信用的极度需求,奖惩机制实现信用社会建立的目标时,信用的需求也带来了信用产业链发展。信用奖惩的实现需要信用信息作为基础,这就推动了征信机构的出现,市场的征信机构和服务机构把获取的企业信息加工、整理做成诚信产品后,投放于市场,这种把"失信行为的扩大化"的做法降低了市场主体交易的风险,还促进了经济的繁荣。

(4) 维持市场的稳定。一个有效的市场必定是一个诚信的市场,失信行为的产生是由于行为人的投机行为,失信获得比守信更多的好处,这样就恶化了市场交易的环境,由于主体双方缺乏必要的信任,会加大交易成本。市场奖惩机制借用了道德价值的调节作用,让失信者在市场的范围内无处可逃,从而遏制了这种追求短期利益导致市场失灵,资源向不合理甚至是无效的区域流动趋势,维持了市场的稳定。

(二) 市场奖惩机制的运行机理

机制的运作都有自己的流程和原理,市场奖惩机制就是在市场性奖惩的基础上建立起来的,用于改善市场环境的一种制度。该制度是在一个统一信用信息的基础上,对市场参与者的行为进行评价,"鼓励诚信,惩罚失信"。

1. 市场奖惩机制的主体

古人说,"人无信不立,业无信不兴,国无信则衰",信用逐渐成为市场交易的主导方式,信用也成为社会经济主体和个人必不可少的道德资本,失信行为的出现是市场发展的不合理表现,作为阻止失信扩张的信用服务行业应运而生,它承担起了向社会提供信用管理服务的责任。其中征信业务是其核心主体,在我国《征信管理条例》中,征信业务是指依法对个人、法人及其他组织的信用信息进行收集、整理、保存、加工,并对外提供信用报告、信用评分、信用评级等的业务活动,所以,征信行业就是参与征信业务的企业或者个人组成的行业。由于交易环境的复杂性,参与交易双方对于同一交易行为掌握的信息量有差异,导致了信息的不对称,因此,信息的优势方会得到比劣势信息企业更多的"额外收益",征信服务行业的产生就是为了避免这种信息的不对称导致交易主体的投机行为带来的信用风险。随着各地社会征信系统建设的不断完善,社会征信体系的应用范围也在不断扩大,征信"主体"也趋向于多元化、联合化。

目前,信用服务行业已经在形成自己的信用服务产业链,产品与服务开始扩张到各个不同领域。一般认为,信用服务行业由企业资信调查行业、消费者信用调查行业、资信评级行业、市场调查行业、信用保险行业、保险行业、担保行业、企业商账追收行业、消费者欠款追收行业和信用管理咨询行业十个分支组成。作为市场惩罚机制的主力军,关于市场性主体的服务能力,有以下几个方面的要求:

(1)客户资信信息的完整性和及时性管理。实现客户信息的真实性以及及时性管理是实现奖惩的基础,在网络经济发展的繁荣时期,电子商务的发展对于客户资信的真实性要求更为严格,大数据信息时代的到来扩大了传统的获取信息的渠道和提升了信息的获取能力,信息的来源不再局限于银行和政府部门,网络购物环节自己社会生活中的交易以及评价中的信用信息不在变得遥不可及,信息的多元化更加全面地反映了企业以及个人的信用状况,同时借助于大数据的技术和海量的信息,只要在信息平台上轻轻地一点,加以分析,就能直观地反映主体的信用状况,提高了信用信息的及时性。

(2)客户信用信息标准化管理。标准化管理最大的益处就是对执行的效率有很大的提高以及和不同主体的可比性,市场参与者众多而且分布于不同的行业,标准化的收集过程、分类标准,对于不同征信机构的联动共享以及信用信息的市场使用者都有很大的便利性和可比性,同时也有利于信息系统的更新和完善。

（3）丰富信息的来源渠道。政府和金融提供的信用信息，只是反映了企业在与工商管理部门以及金融机构的交易过程中的诚信状况，对企业的信用状况反映不够全面，所以，畅通信息的来源渠道是市场服务机构的首要工作，这就要求征信机构能够了解各种渠道类型的特征，充分地挖掘征信途径的潜力，最大限度地发挥市场的作用。其中，包括与客户交易过程中获得的第一手内部信息；与同行业合作，最大限度地开拓信息渠道等。

2. 市场奖惩机制的客体

我们了解了市场奖惩机制的主体是信用服务业，随之也就引入了客体。信用服务业的作用是利用所掌握的信用信息评价市场中的行为人，"信用行为人"就是在市场活动中行为符合"信用评价标准"的客体。在市场经济条件下，作为市场行为活动的主体，无论是政府还是企业其所有的信用行为和活动都与个人相联系，由于我国市场经济发育不成熟，缺乏对个人信用制度在规范化和本质性方面确定的规定才导致了企业信用被用来为个人利益服务，不考虑对企业信用造成的损害，因此，需要建立和完善社会主体信用奖惩机制，并设立相应的监督机制，使奖惩机制的客体对象落实到实处，落实到每一个责任人。

（三）市场奖惩机制的运行模式

市场奖惩机制的作用模式首先是市场参与者根据自己所获取的市场主体的信用信息，进行联动共享，并予以发布，进入征信服务企业的信息系统；其次是由征信服务企业对来自不同信息出处的信息源进行标准化处理和评级；再次是以市场化的交易形式提供给市场的参与者；最后是市场的参与者根据服务机构提供的信息对交易的对方信用状况进行分析，确定是否与之进行交易，交易对象的选取就是对市场主体的信用状况的间接奖惩，市场奖惩机制的运行模式如图 7-5 所示。

市场奖惩机制的运行模式是基于征信服务企业的信用评价进行的，信用评价是市场性奖惩机制有效建立的核心环节，信用评价的真实、有效性直接影响着市场参与者做出市场行为的正确性。信用评价

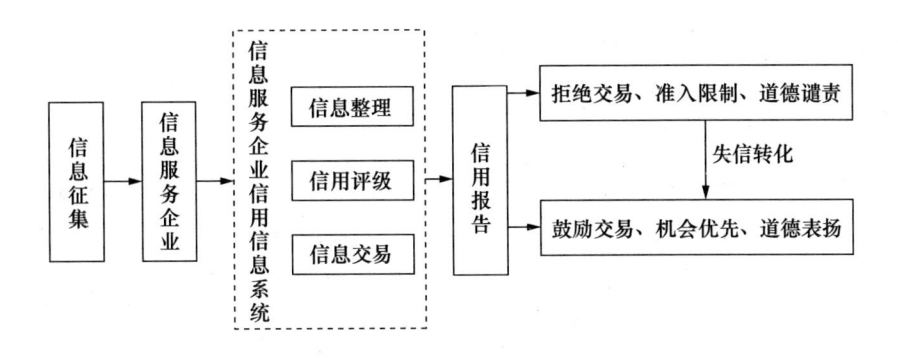

第七章 信用奖惩机制的总体框架设计与运行机理 | 135

图 7-5 市场奖惩机制的运行模式

做出的主体既可以是专业的评级机构,也可以是由政府授权进行信用评级的企业管理部门,但是,为了对市场主体的信用进行可靠、安全性的评价,需要建立严格的程序、方法和原则对于评价的客观和科学做出保证。在结合我国实际情况的同时,我们应借鉴国内外的信用评价方法,我国信用评价应该遵循的原则:

1. 真实性与一致性原则

信用评价的有效取决于信用信息的真实性,所以,评价机构在进行评价的时候应该保证信息来源的真实性以及与受信企业的经营状况的一致性。

2. 独立性原则

信用服务企业作为信用机制的中间环节应该保持与受信企业和授信企业的独立性,这样,才不会受到来自外界的干扰,形成公正、客观的评价。

3. 稳健性与动态性原则

稳健性原则要求征信服务企业本着谨慎性的原则对企业的信用做评价,尤其是对一些违反市场规律的数据进行深入的剖析,而由于企业处于动态的市场当中,又要求企业对于信用评价跟随市场的变化,不断地更新。

市场奖惩机制,它选择了信用好的企业给予优惠政策,对于那些信用不良的企业,施予道德的谴责,拒绝交易等惩罚,强迫失信的企业信用的重建。同时警戒那些处在边缘的行为人谨慎行为,发挥市场的自我洁净功能,以此来实现奖惩机制的初衷。

(四) 市场奖惩机制的运行保障条件

1. 信用信息的丰富与整合

信用数据库建设的脱节会直接或间接导致信用缺失,到目前为止,我国的数据库还存在很多的不足:一是没有标准化的法律规范对数据的形式进行界定;二是数据库较为分散,有政府为主行政数据库、金融行业自有的信息数据库以及市场中交易行为的数据库,但它们之间却没有形成联动共享,导致了资源浪费;三是数据库的独立性较差。

针对上述问题,我国通过数据库的建立,可以做以下几个方面的改善:

(1) 政府之间数据的整合与共享。长期以来,由于体制的限制,我国行政信用信息一直被各部门控制,既不公开也不能共享,造成了有价值信息的浪费,同时政务信息的条块分割也导致了信息重复建设,所以,信用数据库的建立首先要做的就是政府各部门之间的信息综合监管,协商共享。

(2) 多样化的途径丰富信用数据库。一个国家"信用数据库"建立的保障在于信用信息的透明化,即征信机构能够通过合理、合法的途径,获得真实、有效的信用信息,对于企业的信用状况做出合法科学的信用评价报告,这也就要求我们借助政府的威信,发挥市场的积极性、利用金融行业的优势性,调动一切可以调动的因素,丰富信用数据库,实现数据的丰富和充实。

(3) "交易流"整合成"信息流",为信用数据库建立提供数据支持。"芝麻信用"是某大型电商与金融机构合作开发的个人信用评价系统,它的成立为我国数据库的完善起到了榜样的力量,代表着我国数据库的创建进入了一个新的时代。又如支付宝中新开出的一种服务"蚂蚁花呗",它根据每个用户的芝麻信用分,允许透支不同的金额,方便了广大的购买者,但是,它有一个规定,就是必须在下个月10日前还清上个月透支的金额,否则将影响我们的芝麻信用分,进而减少我们的透支金额。当然,这个"芝麻信用分"的评价是从多个方面得出的，主要根据客户身份特质、行为偏好、人脉关系、信用历史和履约能力五个方面，整合这些信息，从而呈现出个人信用状况。芝麻信用刚推出不久就已经与租车、租房、签证、酒店、银行等领域进行了合作，当用户评分达到一定数值，就可以享受租车、住酒店不再交押金，网购时可以先试后买，办理贷款可以实时到账等服务。这些"交易流"向"信息流"的转换，为信用数据库的建设提供了数据支持。

2. 信用服务行业的培育

信用服务行业在市场性奖惩机制中要承担起自己的责任，不仅要建设本行业的信用体系，努力树立本行业威信，在行业中站稳脚跟，还需要有效地服务于市场。提高信用服务业的水平需要完善以下几点：

（1）提高服务主体的服务水平。信用服务主体需要具备丰富的知识，在评估的过程中，本着客观、科学、谨慎的态度对受信人的信用状况做出评估，才能产生对不论是评价人还是被评价人的"信用溢价"的效益。

（2）坚守信用道德中的保密原则。信用服务行业作为信用市场的服务者需要对其他企业的信用状况评价，所以会涉及信用客体方方面面的信息，坚持良好的职业操守，做到对客户信息严加保密，不假公济私，帮助信用不良的客户。

（3）行业的自律能力。信用服务行业既是监督者又是被监督者，它的行为为其他行业起到了榜样的力量，所以，努力推进本行业内的信任的建立，坚固本行业信用。

3. 信用产品的创造与需求引导

信用奖惩机制的建立，应运而生了从事信用信息（征信数据）采集、处理、评价、传播业务的以营利为目的的信息服务专业企业，他们把对市场主体的评价包装成产品出售给市场参与者，为信用奖惩提供了信息基础。同时奖惩机制的建立，对失信者的惩罚，会推进市场对信用产品的需求，避免自身在市场的交易过程中产生失信行为，这样从正反两方面双向引导扩大信用产业链的扩张。

市场奖惩机制就是利用了市场自身的机制，通过信用报告的使用来传递个人及企业的信用状况。市场奖惩机制是信用奖惩机制的主体，与行政奖惩、司法奖惩、行业奖惩和社会奖惩一起，构筑了一道保护守信者的围墙，使失信者的失信成本达到最高，守信者得到好处。

二 行政奖惩机制及运行机理

（一）行政奖惩机制的内涵和功能

1. 行政奖惩机制的内涵

行政奖惩机制是指政府依据法律法规的规定，利用其行政职能，对"守信者"给予税收优惠，市场准入等政策性奖励以及对失信者实施警告、批评教育、处罚等行政性管理措施。在行政奖惩机制中，政府身兼两种责任：一是对自身监管，是指政府监督"自身信用"即政府信用的建构与完善；二是对市场而言，是指政府在社会信用体系中对其他信用主体监管来促进信用体系的建构与完善。

2. 行政奖惩机制的功能

政府的职能分为决策职能、组织职能、协调职能、监督职能和控制职能，所以决定了行政奖惩机制也具备了以下三种功能：

（1）协调功能。政府本身具有一种公信力，机制的运行因为有了政府的参与，整合了封锁在不同部门的信息，扩大了信息来源，提高信息利用率，减少了各部门重复建设信用信息的成本。

（2）监管职能。信用社会的实现需要信用机制的建立，但更需要将制度付诸实践，机制的实施过程中，政府发挥其监督职能，将信用奖惩联动体制严格执行于社会活动的每一个环节，保证做到"有法可依，有法必依"。

（3）控制职能。政府自身加强诚信建设，为社会主体信用奖惩机制的执行起到了很好的带头作用。同时组织市场参与者签订信用保证书，保证市场的公平竞争、有序发展。

对失信者的惩戒就是对守信者的激励。行政奖惩机制所要达到的目的：

（1）要依托政府公共信息平台，实现政府各部门的分类监管和联合监管，对信用状况各异的失信个人和企业做出相应的行政监管惩戒，使失信行为人付出高昂的失信成本。

（2）政府各有关部门要对守信者和信用状况良好的企业和个人给予各种便利和优惠。在政府采购、招标投标、土地使用权出让和拍卖等行政民事行为中，实行区别对待，对于拥有良好记录的企业和个人提供便利，对信用状况差的企业和个人可以拒绝进行交易。这样，通过行政监管性惩戒实现对企业和个人的制约和引导，促使企业和个人遵守国家法律法规，遵守诚信原则。

（二）行政奖惩机制的运行机理

1. 行政奖惩机制的实施主体

行政奖惩机制的主体包括政府综合管理部门和相关政府监管部门，其中，政府综合管理部门，包括政府办公厅、发展和改革委及专利、财政、民政、公安等部门；相关政府监管部门又可以分两类：一类是金融系统主管部门，包括人民银行、证监会、保监会、银监会和国家外汇管理局；另一类是非金融系统主管部门，包括海关总署、国家税务总局、国家新闻出版广电总局、国家工商行政管理总局、国家质量监督检验检疫总局、食品与药品监督管理局、电监会。各监管部门根据职责，依法对失信者在一定期限内实行不予授信、发放执照、注册新企业、出入境等限制，及适量经济处罚。

行政部门参与到守信奖励和失信惩罚的机制中主要依靠的就是立法，而行政性主体执行的监管职能，主要体现在以下几个方面：

（1）市场的企业基本情况的监管。基本情况反映了企业的结构是否合理，主体权利是否合法以及权利能力是否受到限制，起到了防范失信行为的产生的作用。

（2）经营状况的监管。经营状况涉及企业供、产、销的方方面面，这些信息不仅反映了企业的市场潜力，也揭示了企业在经营过程中的信用状况。

（3）往来银行账务的监管。金融系统对于企业的信用评级起步最早，发展也最为成熟，目前市场对于企业的信用的评价多数是基于以银行对于企业的评级作为依据，所以，对往来银行账务的监管是政府实现监管职能的关键环节。

2. 行政奖惩机制的运行机理

行政监管奖惩机制的运行模式主要是行政部门依据法律、法规对于诚信者监管性奖励和对失信者做出监管性惩罚。推动行政奖惩机制的运行，主要针对失信惩戒方面。

第一，在现有行政处罚措施的基础上，健全失信惩戒的制度，建立各行业"黑名单"制度和"市场的退出机制"。

第二，对各级政府在市场监管和市场准入、资质认定、行政审批等方面实行信用分类管理，并评估监管对象的失信类别和程度，对失信者实施惩罚措施。

第三，对信用申请人开展信用调查，确保申请人在征信机构存有信用记录，有利于征信机构对申请人的信用信息进行采集，并逐步建立行政许可申请人的信用承诺制度，其运行机理如图7-6所示。

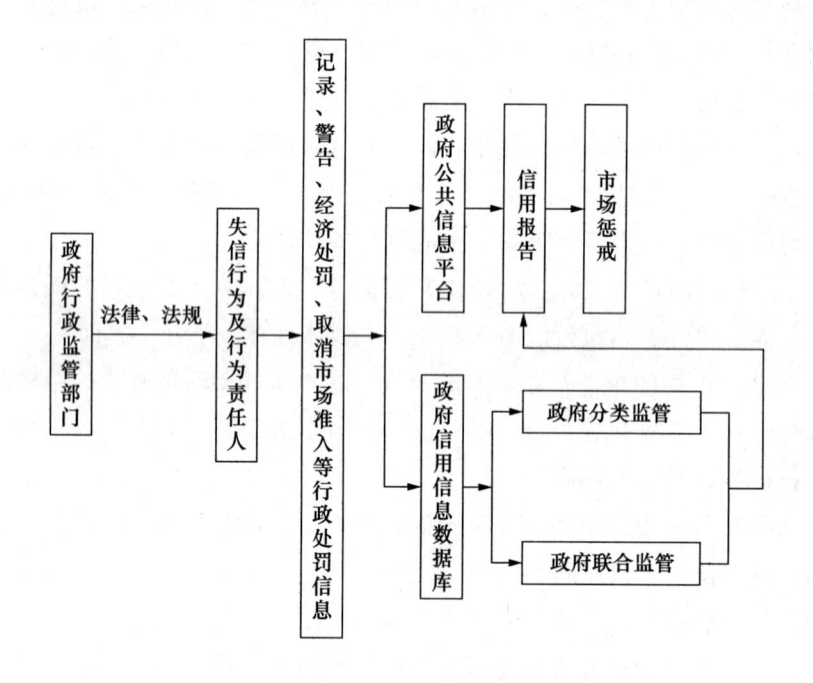

图7-6 行政奖惩机制运行机理

由图 7-6 可以看出，如何充分利用违法违规记录，实现惩戒监管手段的创新和优化，实现整顿和规范市场经济秩序，实现信用监管的长效机制，是政府行政监管性惩戒的重点。其运行机理具体体现为以下几个方面：

（1）政府行政监管部门有权依据相关法律法规对违反行政监管法规的行为做出记录、警告、经济处罚、取消市场准入等行政监管性惩戒；受惩戒的个人、企业和组织等主体也可就异议方面提出申请复核和信用信息修复。当然，由于政府部门自身的特殊地位，政府必须有效地解决信用执法过程中的地方保护主义问题，维护市场执法的公正性，做到有法可依、有法必依、执法必严、违法必究。

（2）行政监管性处罚将失信信息纳入信用服务企业信用信息系统，反映在信用报告中，形成信用信息比较完备的信用产品，为市场性惩戒提供信息来源。

对于行政监管部门依据法律法规对失信行为人做出的记录、警告、处罚、取消市场准入、依法追究责任等行政监管性惩戒信息，可以依托政府公共信息平台无偿或以公共品定价方式提供给信用服务企业，经过信用服务企业加工处理后，可记入个人或企业的信用报告，为市场性惩戒提供原料来源。同时，依靠信用服务企业生产的信用产品的大量销售、广泛使用来传播失信行为人的失信记录，实现行政监管性惩戒与市场性惩戒相结合的综合惩戒方式，将失信行为人的失信行为扩大化，使之对另外一方或多方的失信变成对全社会的失信，让失信行为人付出高昂的失信成本，以此对失信行为人产生约束力和威慑力。

（3）以现代信用体系和失信惩戒机制建设为核心，通过采集记录信用信息，实现信用分类监管。

对于行政监管部门依据法律法规对失信行为人做出的记录、警告、处罚、取消市场准入、依法追究责任等行政监管性惩戒信息要进入政府信用信息数据库系统，满足政府部门内部分类监督需要。

实施信用分类监管，就是通过采集、记录、共享信用信息。根据信用等级优劣实施不同的监管措施，激励守信行为，惩戒失信行为，使信用与企业和个人的成本收益直接挂钩，有效提高企业和个人的诚信意识，促进自觉诚实守信原则。要对信用信息实行分类监管，具体来讲，就是对守信单位实行信誉服务和指导扶持为主，对警示单位实行规范管理为主，对失信企业和严重失信企业实行强化监督为主的监管政策。政府行政监管部门建立健全信用信息分类监管制度，包括预警机制、记录机制、披露机制和奖惩机制等，在统一的窗口和平台上向社会发布相关处罚信息，对失信者采取记录、警告、处罚和市场退出等行政监管措施。具体来说，有以下几点：

第一，对一贯守法经营的诚信企事业单位和个人给予表彰，除专项检查和举报检查之外，适当减少或者免除日常监督检查的项目，定期公告其无违法违规行为的记录；并在法律、法规允许的范围内，对其融资、授信、年检商检、招标投标、信贷、担保、工商注册、税务报关通关等方面提供优先便利或给予支持。

第二，对故意逃废债务、拖欠工资、恶意违约、商业欺诈、制假售假、哄抬物价、欺行霸市、提供或者使用虚假资信证明等严重失信行为的企事业单位和个人，要公示其违法违规记录；增加日常监督检查的频次，列为重点监督检查对象，进行重点专项监督检查，实行重点监管。

第三，对企业经营活动中拥有严重不良信用记录的企业，列入"黑名单"，社会公示、网上公告、警告、取消市场准入及其他行政处罚方式进行惩戒，构成犯罪的，移交司法部门依法处理。

（4）实行联合监管，把在一个政府部门的违法失信信息通过政府公共信息平台纳入多个政府部门，形成政府监管合力，使企业和个人的违法行为一处失信，处处受到制约。

对于行政监管部门依据法律法规对失信行为人做出的记录、警告、处罚、取消市场准入、依法追究责任等行政监管性惩戒信息要进入政府信用信息数据库系统，用于政府部门联合监管，形成监管合力。

目前，我国政府部门和金融机构之间信息不能实现互联互通，信用信息无法得到有效的传播，给监管带来了很大的难题。例如，金融监管方面，一些企业和个人拿着一套房产或资产可分别从各大银行获得数额不等的贷款，企业或者个人无法还款还可能从其他银行获得贷款，一旦最终无法还款就会出现对几家银行的违约失信。行政监管方面也是如此，企业拖欠、偷逃税款等违约信息并不能使其他诸如工商部门和环保部门知晓，难以形成统一的政府监管。因此，必须建立政府公共信息平台和政府内部信用信息数据库，依法推动整合工商行政管理、税务、海关、商务、交通、质量技术监督、药品监督、环保、劳动保障、人事、公安、仲裁和金融监管等部门以及金融机构、公共服务机构掌握的企业和个人信用数据资料，形成统一、综合、有效的政府监管合力。

三 行业奖惩机制及运行机理

（一）行业奖惩机制的内涵及功能

1. 行业奖惩机制的内涵

行业是对国民经济中从事同一性质的生产或其他活动的经营单位或个体的组织类型进行的详细划分。行业奖惩机制就是企业所属的行业自律组织对企业做出的奖惩行为，例如，取消企业会员资格、限制行业内部信用评级机构的资格以及从事评级人员的条件等。由于行业内部企业经营业务不同导致了不同行业对企业信用度各不相同，比如建筑业由于资金投入量大、工期长，所以，建筑业更需要交易者之间的相互信任。

行业奖惩机制不同于行政奖惩机制有法律、法规作为机制的保障条件，但是，行业奖惩机制比市场奖惩机制所涉及的范围小，对于失信主体的管理更加有针对性和可比性，"度行业定作"合体的信用评级机制，不仅有利于行业内的奖惩机制充分发挥行业协会的自律作用，也是实现建立行业信用体系建设的重要途径。

2. 行业奖惩机制的功能

行业奖惩机制由于是对从事相同或者相似的企业执行的机制，具有可比性，可以更好地实现内部自我管理和约束来推进行业的发展；行业性奖惩机制的集中化管理，改善了奖惩的及时性和扩大了在同性质范围内的影响力，更能起到"杀一儆百"的作用。

（二）行业奖惩机制的运行机理

1. 行业奖惩机制的实施主体

市场奖惩机制的主体是信用服务业，行政奖惩机制的主体是政府综合管理部门和相关政府监管部门，而行业奖惩机制的主体主要是各行业协会。行业协会是介于政府与企业之间的中介机构，它是政府与企业之间的桥梁，各行业协会通过制定行业的自律规则，对业内各企业和组织进行监管，监督机制的运行情况及企业的执行情况，对其中的违规者按照情节的轻重，实行警告、业内通报批评等惩戒性措施。

行业组织大体分为以下四类：

（1）经济鉴证组织（如会计师事务所、审计师事务所、律师事务所）；

（2）行业中介组织（如水行业协会、食品行业协会）；

（3）社会信用服务组织（如征信公司、资信评级机构、信用调查机构等）；

（4）社会公益组织（如慈善组织）。

行业组织特别是经济鉴证类行业组织，在市场经济运行中起着十分重要的作用，其出具的鉴证报告，将直接影响市场经济的健康运行和投资者的合法利益。近年来，各行业组织得到较快的发展。但是，相关的诚信体系没有得到同步建立。一些评估机构不顾职业道德，按相关利害人的意愿操控评估价格，甚至伙同委托人从中获利；一些会计师事务所为相关当事人出具不实审计报告等。不诚信行为的存在和蔓延根源在于体制的不完善和不配套。如规范行业组织的立法滞后，中介组织及从业人员缺乏应有的行为规范，对各类中介组织及从业人员违规的处罚力度不足，各类中介组织及从业人员诚信档案的建设跟不上行业发展的步伐。由于监督和约束的强制力不够，恶化了诚信环境，这种情况如不引起相关部门的高度重视，必将影响到社会的信用和政府的形象。因此，必须建立行业性惩戒机制，加强各行业组织的信用建设。

2. 行业奖惩机制的运行机理

行业协会是一种不属于政府管理机构，介于政府与企业之间起着桥梁作用的非营利组织，所以，行业协会奖惩机制也具有其独特的运行模式：

（1）行业协会根据政府的授权和委托，对进入本行业的企业进行资格审查、签发市场准入资格认证、生产许可证等，那么当企业由于其行为不符合行业规定时就会被警告、市场公开批评甚至吊销市场准入资格作为惩罚。

（2）对本行业的企业经营行为进行跟踪评价，建立属于本行业的信用信息交换平台，实现行业内产品和服务质量、竞争手段、经营作风进行严格监督，同时为市场奖惩机构提供可靠的信息源。

（3）完善行业内的奖惩机制，对类似于阜阳劣质奶粉、"口水油"、毒饺子等大量假冒伪劣危害人民的生命安全，同时也严重损害了我国的国际声誉的行为给予行业内最严厉的惩罚，必要时向行政部门举报。

行业奖惩机制的运行机理如图7-7所示。

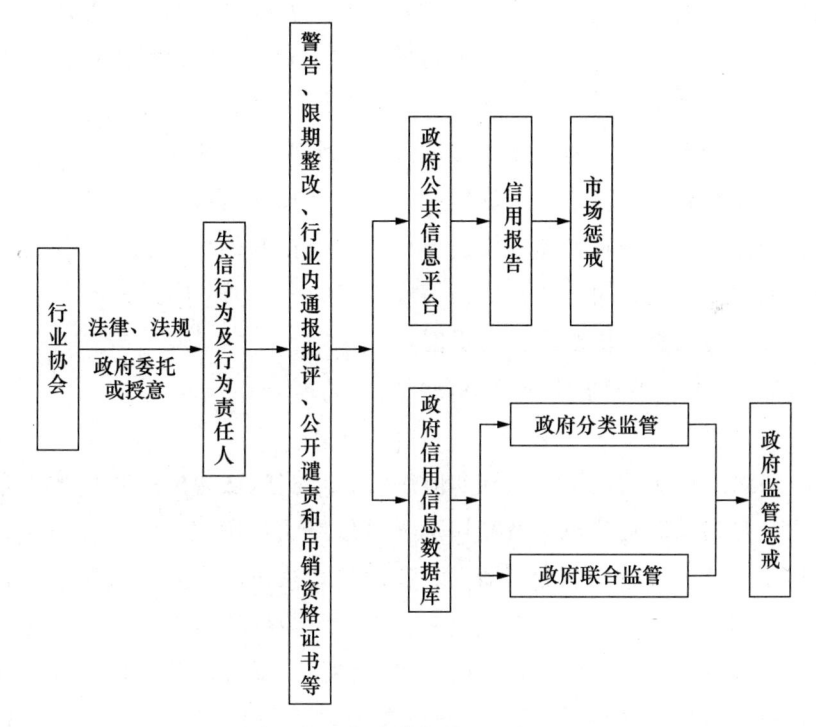

图7-7 行业奖惩机制运行机理

可以看出，行业奖惩机制的具体运行机理主要表现在：

（1）行业协会可以在政府委托和授意下，依据相关规定对行业内违约失信行为及行为责任人采取的警告、限期整改、行业内通报批评、公开谴责和吊销资格证书等惩戒，惩戒客体如有异议，也可申请复核和修复。

（2）将行业内违反行业惯例等失信信息纳入信用服务企业信用信息系统，反映在信用报告中，形成信用信息比较完备的信用产品，为市场奖惩机制提供原料来源。

对于行业协会在政府委托和授意下，依据相关规定采取的警告、限期整改、行业内通报批评、公开谴责和吊销资格证书等行业奖惩信息，可以依托政府公共信息平台提供给信用服务企业，形成完备的信用产品。依靠信用服务企业生产的信用产品的大量销售、广泛使用来传播失信行为人的失信记录，实现行业奖惩与市场奖惩相结合，将失信行为人的失信行为扩大化，使之对另外一方或多方的失信变成对全社会的失信，让失信行为人付出高昂的失信成本，以此对失信行为人产生约束力和威慑力。

（3）以现代信用体系和失信惩戒机制建设为核心，依托政府公共信息平台和政府信用信息数据库，行政监管部门可以进行联合监管和分类监管，实现行业惩戒机制与行政惩戒机制的综合惩戒，使失信行为人无处可逃，付出高额的失信成本，约束市场主体行为。

四 司法奖惩机制及运行机理

（一）司法奖惩机制的内涵及功能

1. 司法奖惩机制的内涵

司法又称法的适用，是指如何用法，是实施法律的一种形式，它的含义是指国家司法机关及其司法人员依照法定职权和法定程序，具体运用法律处理案件的专门活动，我国的司法机关主要是人民法院和人民检察院，人民法院是审判机关，而人民检察院是法律监督机关。

司法权具有中立性、独立性、统一性、专业性、公开性、权威性的特点。所以，司法奖惩机制就是在司法机关的领导和监督下，独立、公正判断企业的行为是该奖励还是惩罚，司法既是实现信用奖惩联动机制的最后一道防线，也是对失信企业最严厉的处罚。

2. 司法奖惩机制的功能

（1）司法部门运用相关法律和法规，对市场行为者的失信行为做出判断，对于给国家和集体造成严重损失的失信主体施予严厉的司法审判。

（2）司法的衍生功能即社会控制，司法权的实施不仅对市场主体行为起到强迫性的约束作用，还会影响到企业的思想。司法的实施过程既是法律、规范的强化阶段，也是告诉市场主体什么该做、什么不该做的思想渗透过程，司法起到社会主流文化的传播作用。

（3）司法的司法克制主义，即法官只能依据法律对市场主体的行为做出判决保证了奖惩机制的公正性。

（二）司法奖惩机制的运行机理

司法性奖惩机制的主体是国家司法机关，即人民法院和人民检察院，它们承担着监督"信用社会"创建过程中法律法规运用的合理性，以及对严重的失信行为的企业的司法奖惩。

司法奖惩机制运行的参与者包括司法机关、企业和公民，在各参与方都熟知法律、法规的情况下，如果有企业或公民破坏这一稳定状态，对社会造成了严重的损失就会受到司法的严惩，司法奖惩机制是对行政奖惩的补充和完善，充实了政府信用信息的来源，同时司法的奖惩信息也是社会信用评价的重要参考依据。其运行机理如图7－8所示。

五　社会奖惩机制及运行机理

（一）社会奖惩机制的内涵及功能

《社会信用体系建设规划纲要（2014—2020年）》指出，要对社会信用体系建设高度重视，而社会奖惩机制是指在社会监督的作用下，奖惩机制的运行得以全民化，达到全民参与的效果，"信用良好"的会受到嘉奖并得到社会的认可，而信用不良的会接受惩罚，并且还要受到道德的谴责。

党的十八大提出，要进一步加强社会信用体系的建设，培育和践行以"诚信"为主要内容的社会主义核心价值观，社会奖惩机制通过

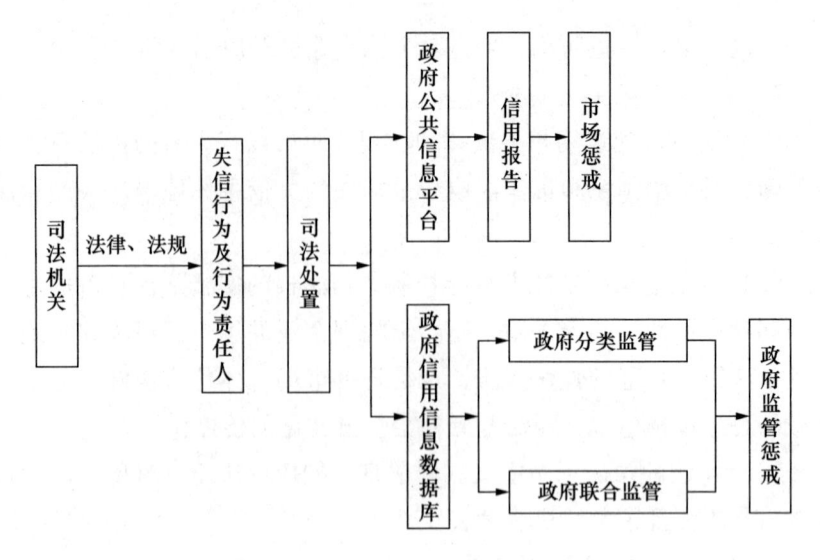

图 7-8　司法奖惩机制运行机理

舆论对失信行为的披露和实时报道形成一种社会的舆论压力，用道德来约束和制裁社会成员的失信行为。

(二) 社会奖惩机制的运行机理

1. 社会奖惩机制的主体

社会公众是参与社会活动的民众群体；舆论，或称民意，是指一定社会范围内，消除个人意见差异，反映社会知觉和集合意识的、多数人的共同意见；媒体是指传播信息的媒介，是指人借助用来传递与获取信息的工具、渠道、载体、中介物或技术手段。传统的四大媒体分别为报纸、杂志、广播、电视，随着科学技术的发展，互联网技术进入媒体行业，舆论媒体就是某些媒体公司通过运用一定的手段，比如互联网，反映了民众的意愿，道出了人民的心声。

社会奖惩机制的主体是社会公众和舆论媒体。社会公众既是信用的拥有者，也是信用的评价者，公众之间相互评价，相互监督，以舆论媒体为辅助，公开地评价诚信者和失信者，开设"白名单"和"黑名单"制度，帮助人们做出判断，促进信用体系的建设。

2. 社会奖惩机制的运行模式

社会是多个个体会集到一起，形成有组织、有规则的具有相互关系的群体，在这个群体中公民或企业都要讲诚信，否则社会可能会陷入失衡的状态，所以一个国家或地区信用的主要方面取决于社会主体的信用管理水平的高低、企业的信用品质的好坏。企业信用体系主要是依据企业的日常经营活动，通过对大量信息进行筛选，选取可靠的信息作为评价其信用行为的基础，要想在全社会范围内实施信用奖惩机制，首先我们要推动主体信用评级，确立信用评级在社会信用体系中的核心地位，加速我国经济金融和我国信用评级行业的国际化和全球化进程，社会奖惩机制主要是在舆论媒体和社会公众的集体监督下，通过对信用体系的运行过程进行监督，减少失信行为的发生，鼓励诚信行为带动全民。其运行机理如图7-9所示。

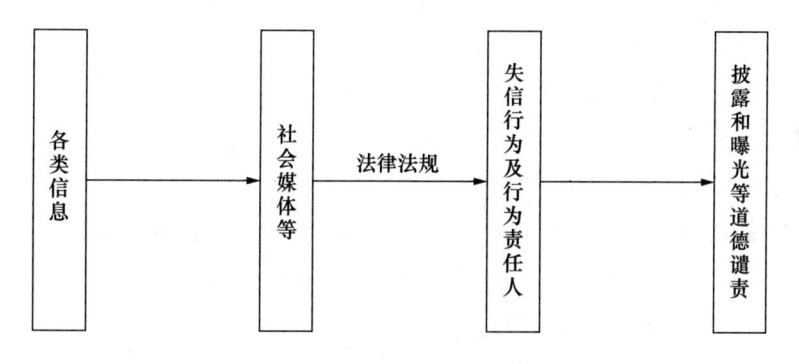

各类信息 → 社会媒体等 —法律法规→ 失信行为及行为责任人 → 披露和曝光等道德谴责

图7-9 社会奖惩机制运行机理

第四节 构建社会主体信用奖惩机制的策略与建议

一 构建社会主体信用奖惩机制的递进式发展策略

社会主体信用奖惩机制的建立，有助于我国"十二五"规划中加快建立社会信用体系的总体要求的落实，有助于我国构建中国特色社会主义市场经济体制、提升国家综合实力以及推动社会文明的进步，关系着社会主义现代化建设的重要内容。正所谓"自古皆有死，民无信不立",当前我国信用体系不够完善,不仅影响着国民的日常生活,也极大地制约着我国社会经济以及现代化建设的发展,因此,不断地完善信用体系必须提上日程。

信用体系奖惩机制作为一个庞大的覆盖全国的社会体制,需要坚实的信息基础作为支撑,虽然我国已经颁布了《政府信息公开条例》,但是,目前的信息分散化、服务主体的不成熟化、奖惩机制的不完善都造成了信用奖惩机制的建立不是一蹴而就的。因此,在我们这样一个信用奖惩制度起步较晚,各方面发展尚不成熟的国家,信用奖惩联动机制应该遵循递进式发展策略,从部分试点到普及推广,有步骤、有规划地实现"信用中国"的美好蓝图。

笔者认为,我国信用体系奖惩机制的构建依次递进大致可分为部分试点阶段、普及推广阶段和联网成熟阶段三个阶段。

(一)部分试点阶段

1. 利用现有的信用体系进行试点工作

在发达地区,发挥政府和金融机构的信息平台的引导与拓展作用,以省或市为单位进行统一标准化的区域信用奖惩机制建设。我国政府和金融机构由于部门的特殊性,信息平台发展比较成熟,所以,建立信用奖惩联动机制,首先需要借助政府及金融行业现有的信用体系,以政府为主导,通过提升政府执政科学化、规范化,做到言必信、行必果,提高公信力,为社会主义信用体系的完善起到模范带头作用。在金融信息平台问题上,鼓励中国人民银行积极主导社会主体信用体系建设,加快数据库标准化、信息平台系统化和信息评价联动共享化建设。引导市场征信服务机构以人民银行征信中心信息数据库为榜样,同步借鉴国外信用信息库建设经验,取长补短,以征信发展促进社会信用体系建设的试点工作,同时政策引导市场参与企业的诚信取向来刺激市场对于诚信产品的需求促进信用市场产业链的繁荣和信用市场的发展,实现以点带面,以局部带动整体的市场化发展格局。在不断充实和完善信用信息数据库的同时,明确界定哪些是可以免费向社会公开的信息,哪些是用于政府部门内部联合监管的信息,哪些是可以依法以无偿或公共品定价方式低价提供给信用服务企业的信息。

2. 社会主体试点工作

社会主体是实现信用社会的主力军，我们要充分发挥政府在信用体系中领导者功能，运用市场化的手段对诚信企业进行规范，以优胜劣汰的机制鼓励更多的市场主体参与到信用服务体系中，逐步实现信用信息系统的对接，多元化、多样化地丰富信用产品的开发和利用，为更多的企业加入信用服务产业提供机会。社会主体试点作为实现信用奖惩关键性的一环，对于社会主体信用奖惩联动体系的建设具有基础性的支撑作用。

3. 立法试点工作

从我国典型城市的信用法律法规和规范性文件的颁布与世界发达国家和地区信用立法的情况，可以看出，发达国家的信用奖惩体系都是建立在完善的立法制度基础上，而且国外的信用体系的建立也都制定了专有的法律进行保护。我国的信用制度的建立处于初级阶段，法律的制定也比较粗线条，为了实现全民参与，在法律方面需不断完善专项法律，以及个人隐私保护法，解决参与者的后顾之忧。

（二）普及推广阶段

1. 人民银行的征信系统的拓展

人民银行的征信系统的拓展包括两个层面的含义：一是人民银行可以依靠自己的信息平台，实现银行内部的信息共享，把多个银行关于失信企业、个人的违法违规行为纳入中央银行的监管范畴，形成银行之间的监管情况的综合；二是人民银行依法把自己信息平台上的信用信息提供给信用服务企业，为市场征信信息提供信息来源，将企业、个人对于银行的失信行为扩展到对社会的失信，让失信人增大失信成本。

2. 数据平台逐步开始标准化，奖惩机制的逐步推广

数据平台的标准化建立为实现"信用社会"提供了技术保障，如果没有数据平台的标准化体系，分散在社会各个行业、不同区域的信用信息就难以实现联动共享，信用评价的协调管理也会因为信用评价基准不同难度激增，所以，为了满足现在信用体系发展的需求，数据

平台要实现逐步标准化应该要做的是：数据平台标准化框架的搭建，以及数据征集、数据整合、数据发布等一系列基础标准的规范等，以健全社会信用的标准化体系，为实现全社会信息的协调共享提供技术性支撑。

数据平台的标准化应该充分发挥征信服务中介的市场资源，依靠现代的计算机技术和互联网技术以及借鉴国内外成功的数据库建设经验对分散化数据进行标准化的协调，这样，一方面有利于数据系统在征集过程中的交换更新；另一方面有利于地区之间、行业之间信用数据的统一整合，扩大信用信息来源范围。奖惩机制的建立得益于数据平台的有效建立，标准化的数据平台建设更是加速了奖惩机制建立的进程。

3. 成熟的奖惩机制、法律法规、成熟的行业模式推广

分行业、分地区的逐步推广的最大优势就是避免突然过激的变革阻碍市场顺利运行，而且由于资源的有限性，初步建立时我们只能选择聚集社会的资源，抓重点，解决市场最关心的领域信用问题，然后将重点领域成熟化的奖惩机制体制、法律、法规行业模式结合不同地区的风俗习惯加以深化推广，加快建设信用社会的步伐。

4. 诚信文明的宣传

我国社会中尚缺乏一种"讲信用为荣、不讲信用为耻"的社会氛围，社会信用意识淡薄，奖惩机制建立的诚信只是"倒逼"的，要想诚信的观念深入人心还需依赖诚信文明的宣传教育，现代社会可以通过广泛的诚信宣传途径以及宣传方式激发市场主体的诚信认识和思考，培养其良好的诚信行为习惯。这些对个体的诚信认知、行为模式的影响都会对社会的诚信建立起到巨大的促进作用。

（三）联网成熟阶段

1. 通用标准体系的建立，以及相应的评估及优化系统的完善

在通过前两个阶段的试点和推广工作，需要基于社会信用标准体系建设的一致性、科学性和适用性原则，构建我国社会信用标准体系的总体框架。社会信用通用标准体系共分为三层结构，分别是基础层、通用层和应用层。

基础层包括社会信用奖惩机制的基础标准化处理机制、总体框架、基本评判因素等。通用层面就是社会信用奖惩机制与应用层面的衔接部分，包括收集信息、整理信息、评价信息。应用层则是社会奖惩机制效果发挥的一层，社会主体奖惩机制的效果，也将在本层得以展示。社会信用奖惩机制会随着社会的要求不断地改变，因此必须建立相应的评估系统，以及配套的优化系统，以保证社会信用奖惩机制顺应时代特点的发展，与时俱进。

2. 参与角色的变化以及市场化体制的形成

信用奖惩机制的近期模式可概括为"政府推动、中央银行运作、有关部门配合"，远期模式可概括为"特许经营、商业化运作"，这里包含着社会主体从参与者到参与主体角色的转变，政府主导职能转变为监管职能的变化。信用服务主体的改变，有助于促进我国信用市场的健康发展。

3. 区域机制的全国联网，政治、经济、法律和社会主体的共同参与

区域性信用奖惩机制不断优化与完善后，通过相应的计算机技术和数据库系统，实现政府部门信息平台上信用信息以及征信服务行业信息的联动共享，建立全国性的信用查询系统，保障全国性的信用奖惩机制在政治、经济以及法律部门的共同参与下协调行进，形成具有中国特色、国际竞争实力的独立的信用服务企业。

二　构建社会主体信用奖惩机制的对策性建议

信用奖惩机制是由政府、授信机构、企业、个人、公共事业单位等共同参与的、以企业和个人征信数据库的记录为依据、以信用记录和信用信息的合法披露为手段，降低市场交易中的信息不对称程度，从而约束社会各经济主体信用行为的一种高效联动机制，为实现这一目标，我们必须做到以下几点：一是要构建有效的信息传递机制，形成健全的信息制度、信息传递顺畅环境，这是信用奖惩机制发挥作用的前提；二是要构建制度约束机制，通过完善法律、行业自律、舆论监督等手段，约束市场主体的机会主义行为，减少失信行为的发生；三是要构建信用激励机制，对守信的市场主体进行精神和物质上的激

励；四是要建立信用信息申诉和修复机制，给予失信行为人改正和申诉的机会，合理引导市场主体行为。

（一）征信与信息传送机制的构建

1. 标准化政府信息库建设——整合信用信息资源，推进信用信息的标准化建设

政府信息库标准化建设框架如图7-10所示。

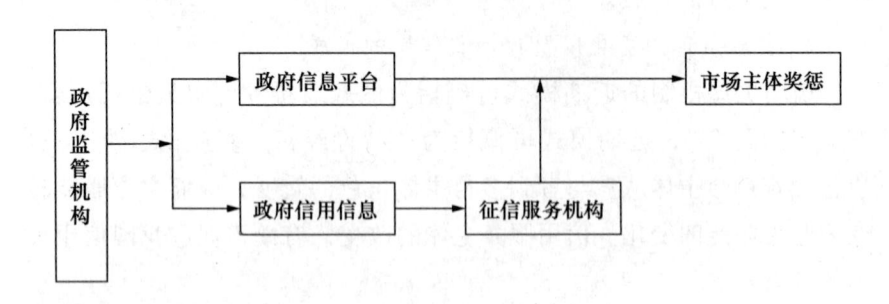

图7-10 政府信息库标准化建设

政府作为社会信用奖惩联动机制的主导方，在资源、能力等方面具有先天优势，而且作为国家形象代表，是我国标准化实施机制的主要参与者，所以，奖惩机制的建立首先应该标准化政府的信息平台建设，主要从两方面着手：一方面政府根据自己的监管机构标准化自己的信息库，实现政府各部门信息的联动共享，综合监管。另一方面政府向征信服务机构提供信息，充分整合政府以及市场的信息资源，丰富市场信息来源的同时也指导着市场信息的标准化建设，市场的信用信息也成为政府信息的来源之一，影响着标准化信息平台的建设。

政府公共信息平台，按功能将政府信息划分为以下三类：

（1）用于社会公开的信息。根据《政府信息公开条例》，政府各部门确定可以向社会公开的信息范围，以体现政府行政监管的透明度。

（2）用于政府职能部门之间信息共享协同监管的信息。政府职能部门信息互联互通，信息共享提高政府行政监管的效率，降低行政成

本，形成监管合力。

（3）用于以公共品或准公共品定价的方式低价向信用服务企业提供的信用信息。信用信息作为市场惩戒的原材料来源，用以培育信息服务企业和信用市场需求，形成市场惩戒的基础条件。

2. 市场主体——信用服务业的发展与培育

市场主体是实现信用奖惩机制的主体和助推力，所以，建立信用奖惩机制核心部分就是加强信用服务业的发展与培育。具体来说，要从以下两个方面做起：

（1）政府作为建立市场联动机制的主导力量，也是信用市场参与者，政府通过提高自身执政的科学性和透明化，建立诚信政府，同时，政府制定规范化的市场准入机制对于从事征信服务机构的质量严加把控，减少由于征信服务机构的不合格性带来的信用风险。

（2）发挥行业在信用市场建立过程中的监管作用，行业协会作为自律性的组织，利用自身的管理范围的针对性，通过制定本行业内的行业标准，积极培育相关的信用服务专业人才，并依托国家资源建立健全标准化的信用数据库，为信用服务行业的发展提供数据基础，鼓励企业进行诚信经营，提升本行业的形象。

3. 积极引导对信用产品的市场需求

在信用奖惩机制建设过程中，政府应从多方面、多渠道采取措施，鼓励和引导企业和个人使用信用产品，增强企业和个人的信用需求，增强征信服务机构的实力；促进信用产品的创新和发展，加快征信市场的发育和发展，尽快使征信业走上良性发展的轨道。在信用报告的使用上建议：

（1）在政府采购、土地交易、公积金贷款、政府投融资项目的招投标、公务员录用、评级评优等工作中，要求企业或个人提供信用报告。

（2）在登记注册、资格资质认定、公务员年度考核及周期性检验和评级评优等工作中，要求企业或个人提供信用报告。

（3）制定相关政策和办法，鼓励和促进金融机构和商业机构在与企业或个人发生信用交易、信用消费、信用担保、商业赊销和租赁等业务时，按照授权和规范流程，通过信用信息查询系统，查询当事人的信用报告或要求当事人提供信用报告。对于信用记录良好的个人或企业，政府有关部门在市场监管、政府采购、税费缴纳等方面给予政策性鼓励，金融、商业和社会服务机构可在授信额度、付款方式等金融服务和有关社会服务方面给予优惠或便利。

（二）信用奖惩制度约束机制的构建

1. 法律约束的建设

社会信用状况的好坏与信用法律制度密切相关，健全的法律体系是正常的信用关系得以维系的保障。根据我国现有的法律制度，借鉴国外成熟的信用法律法规体系，建设具有我国自己特征的信用法律体系，在法律建设方面要注重关注以下几点：

（1）为了解决目前信用信息收集渠道不畅、信息的可靠性难以确定等问题，需要制定有关信用信息收集方面的法律法规，如《社会信用信息管理法》《公平信用报告法》等为信用信息收集、加工、保存、评价、服务等业务提供基本的法律依据。在《政府信息公开条例》基础上，对信用数据的开放和管理进行界定，既要加快信息公开，也要保护国家机密和个人隐私等。

（2）要在立法中，明确在市场经济中，失信的法律边界是什么，失信到什么程度将给予何种程度和形式的制裁。明确失信行为的惩戒内容，加大对失信行为的惩罚力度，使失信惩戒有法可依。要健全信用领域的法律法规，对触犯法律的失信行为和失信者做到"执法必严、违法必究"。

（3）要建立与失信惩戒机制相适应的司法配合体系，如社区义务劳动、社区矫正、罚款等各类惩罚，使失信者付出各种足以抵偿社会危害的代价。目前我国很多失信行为在一定程度上还大量存在，存在的原因一方面是法律不健全；另一方面是与失信惩戒相适应的司法配合体系不健全，尚未达到刑事犯罪的失信行为没有得到相应的惩戒。还有很多失信者逍遥法外，对法律判决拒不执行。因此，加强司法配合也是失信惩戒机制发挥作用的重要保证。

2. 政府监管约束的建设

我国构建信用奖惩机制的基本模式是坚持实行"政府推动、市场化运作",要切实加强政府领导机制,改革和完善政府监管体系。

(1) 要完善信用监管机制。在充分发挥各行政执法部门积极性的情况下,探索建立统一的信用管理机构,统一负责信用监管工作的协调和督查,统一负责信用行业的管理和监督工作。建议成立信用监管局或信用管理中心,负责指导信用体系建设,制定统一的发展规划、技术标准和行业规则等;也要负责对信用市场的监管工作,并通过建立健全社会信用约束机制和惩戒机制,确保信用行业的规范有序发展。

(2) 要创新联合监管机制。要按照"统一规划,联合共建,互联互通"的原则,坚持统一标准,尽量利用现有的网络和信息资源,建立政府各部门间的信用信息数据交换平台。根据规定和协议,与有关行业、地区和部门建设的数据进行横向、纵向互联,实现信用信息的共享和交换,强化对企业信用和个人信用的信息记录和披露,并与市场惩戒和社会惩戒相结合,逐步形成统分结合、整体推进、综合运用行政和司法等多种惩戒手段的信用监管体系,提高政府行政效能。

(3) 要探索信用监管路径。基于信息化条件下的信用监管,是政府履行市场监管职能的重要路径。

第一,基于政府联合征信系统数据库,在对信用信息,尤其是失信记录进行分类管理的基础上,开发应用软件,实现政府内部信用信息查询和对外互联网披露。

第二,加强政府联合监管系统与不同行政监管部门等执法业务流程的嵌入与整合,共建部门根据行政监管对象特点,制定内部评级标准和评级系统,提高监管的科学性。

第三,依托于政府内部信用信息系统,通过试点稳步开展信用监管工作。要建立信用市场的准入和退出机制,对各类征信机构设置严格的资质和市场准入标准,反对不正当竞争。对信用评级机构和信用担保公司的准入和管理要严格许可制度,并强化日常监管。要处理好政府管理部门与信用服务企业的关系,坚持实行"政府推动、市场化运作"的模式，政府除提供必要的引导性投资外，原则上不直接参与投资和经营。政府主要应发挥规划、指导、协调、服务和监管的作用，鼓励和引导信用行业的均衡发展。

3. 行业自律约束的建设

行业自律约束是指通过成立行业协会、商业团体等形式，形成类似俱乐部制度的机制。行业协会作为信用保障的第三方机构，是具有排他性的多边互惠体系。强化行业自律约束建设，要根据行业自身特点，研究新形势下行业性奖惩的运行机理和制度安排，充实行业性惩戒的监管力量，提高行业信用监管能力。

（1）要研究制定行业行为规范和标准体系，主要包括行业资格认证标准、技术标准、产品质量标准等。

（2）要建立企业信用档案制度和信用行为奖惩制度，记录、披露和奖惩所属企业的信用行为，为行业奖惩发挥作用提供运行保障。

（3）要加大对行业奖惩的宣传力度，提高会员企业守法重信的自觉性。

（4）要为行业企业提供多方面的信用服务，包括提供信用管理做法与经验、信用风险解决方案，以及帮助企业建立信用工作机制等。

（5）要在政府部门与企业之间发挥桥梁纽带作用，及时传递政策信息，反映企业诉求，要搞好企业的服务，组织开展信用研究和专业培训，强化企业的诚信和维权意识。

4. 企业内部约束的建设

企业内部约束对于企业的有效管理、健康发展以及企业形象的树立有重大的影响。作为现代化企业，企业必须加强诚信宣传和诚信规章制度的建设，同时建立相应的诚信检查机制、审核机制和奖惩机制。企业内部约束的建设主要包括：

（1）引导企业加强内部信用建设，增强内部信用管理责任制，加快建立企业法人治理结构，建立基本信用制度，构筑企业信用基础。

（2）抓好企业质量信用建设，抓紧建立推广标准化体系、计量检测体系、质量保证体系，推进标准化生产。

（3）积极利用金关、金税、金卡、金盾、金保、金财的网络系统，提高企业的纳税信用、金融信用、财务信用等。

（4）强化企业外部的资信管理，建立严格的信用约束机制，规范企业信用。建立行业信用守则，加强行业自律，引导同行业自觉形成维护信用的良好风气，为防止和惩戒失信行为创造基础条件。

5. 舆论道德约束的建设

信用奖惩体系的建设需要依靠公众舆论道德的力量进行监督，这样，不仅可以充分保证信用系统的有效执行性，同时也可以加强其可信度。加强舆论道德约束的建设，必须加强信用意识的培养和形成。

（1）通过信用产品的大量销售和使用形成的社会惩戒来教育公众。失信行为人的负面信息在经济活动中的广泛传播，使其遭遇种种生活不便而付出昂贵的失信成本；而守信者正面信息的传播，使其社会生活更加顺利。这样就形成了社会的良性循环，通过对失信者的惩戒和对守信者的鼓励，增强公众的信用意识，使他们关心自己的信用状况，注意建立和维护自己的信用，并能自觉地抵制各种失信行为。

（2）要加强对社会公众的教育。如经常向公众做征信法律条文的解释，传播信用管理知识，举办针对交易活动中欺诈、欺骗等方面的讲座，提供有关的信用教育等。

（3）加强学校信用教育体系。督促各级教育部门和中小学校把信用作为中小学生道德教育的一部分。在大学设置信用管理专业，加强人才和教育的培养。同时，要重视对教师的诚信教育，充分发挥教师为人师表的作用。

（三）构建信用激励机制

从经济学的角度看，市场主体维护自身的信誉必然要付出一定的代价，当他们不能从守信行为中获得相应的回报时，就会失去守信的动力。因此，允许当事者获取一定的激励是必要的。信誉、经济和行政的优惠都可以作为一种有效的激励手段（见表7-1），鼓励企业诚实守信，提供优质产品和优质服务。

表7-1　　　　　　　国内各地守信激励手段和措施

措施	案例	地区	备注
信誉奖励	市发改委，信用记录良好的重大理财项目参加单位，两年进行一次评选，发给守信先进单位证书。市司法局树立正面典型，积极宣传"全国十佳公证处""全国优秀律师事务所、律师"	长沙市	《长沙市人民政府办公厅关于加快建立长沙市守信激励和失信惩罚机制有关事宜通知》
行政奖励	市工商局，对于企业及法人代表信用记录良好的予以优先等级，开通绿色通道	长沙市	《长沙市人民政府办公厅关于加快建立长沙市守信激励和失信惩罚机制有关事宜通知》
经济奖励	信用记录被评为AAA的企业在招标时加5分，信用等级为AA的加3分	长沙市	《长沙市人民政府办公厅关于加快建立长沙市守信激励和失信惩罚机制有关事宜通知》
	通过对承包商市场行为的动态考核和量化评估，每年公布《政府投资工程预选承包商目录》，中标商在目录中产生	江苏省	《江苏省建筑市场各方主体信用评定和考核办法》

1. 信誉激励

政府对长期遵守合同、遵守信用的市场主体，可以通过"荣誉称号"形式进行鼓励。因为人类不但追求如生理、安全、社交等较低层次的欲望满足，还追求如尊敬、求知、自我实现等高层次欲望的满足，所以在某种程度上，信誉激励往往比物质激励更能对市场主体行为产生影响。

2. 行政激励

发达国家通常的做法是：对于信用良好、信用等级高的企业在股票和企业债券发行中能够给予优先安排，企业在筹资时还可以获得较高的信用额度和更为优惠的利率价格。我国也采取了类似的行政激励，例如财政补贴，通过降低对守信企业的贷款利率作为奖励，还有"红名单"制度，对于名单上的企业和个人给予使用信用工具的成本和工商、税务、证券发行审批、信用额度、优惠利率等形式,激励诚信企业的建立。

3. 经济激励

发挥经济激励的主体是金融机构,目前采取最多的措施是为守信的企业提供一定的融资便利以及资格审查减免,相信随着信用奖惩机制的发展,实施经济奖励的主体会更加多元,方式也会更加的多样化。

(四)建立信用信息的申诉修复机制

信用奖惩机制的落脚点不是对失信企业的惩罚,惩戒仅仅是为了对他们形成教育的效果,所以在信用奖惩机制的设计过程中,我们应该给予企业申诉和修复的机会。例如,表7-2为世界主要发达国家和地区信用修复状况。

表7-2　　　　　　　世界主要发达国家和地区信用修复状况

国家或地区	信用修复情况	相关法律依据
美国	企业失信记录与企业破产记录都有最高保持年限(一般规定不超过10年),而优良记录将被永久保存。破产记录保存年限为10年,其他信息(偷漏税和刑事诉讼记录)保存为7年	《公平信用报告法》
德国	个人信用的负面记录保存为3年,上述个人3年内无权享受银行贷款,分期付款和邮购商品等消费。信用信息局收集个人正面以及负面信息,个人破产记录将被保存和公示的时间为30年或债务提前偿清。有过不良记录的客户在今后生活中会遇到很多困难,如申请贷款时被拒或支付高额利率,不能分期付款	《民事诉讼条例》第915条
英国	个人信用记录被信用局保存和公示的时间为6年,个人破产记录被保存和公示时间为3年。每年新年和女王生日有两次授励活动,表彰常年诚信服务于社会、忠于职守的普通人	

建立相关当事人针对自身信用信息的异议申诉机制体现了失信惩戒的人性化，也体现了申诉人信用意识和法律意识的提高；而信用信息修复的时效性就是在界定不同失信行为类型的基础上，明确规定失信信用信息的保留年限，通过对失信行为者的失信行为的记录，既起到了失信惩戒的作用，又有助于帮助教育失信者改过从善；信息复核与更改制度是建立信用奖惩机制的最终目标，就是对申诉和修复后要求政府公共信息数据的共建部门（即数据源单位与政府公共信息平台）相配合，更改差错记录和对于限期内信用修复成功的企业进行信用信息的修改。

第八章 辽宁省社会主体信用奖惩机制研究

社会信用体系的建设是完善社会主义市场经济体制的重要内容，信用奖惩机制的构建又是信用体系的关键环节，是落实科学发展观，建设和谐社会，完善市场经济体制，促进国民经济和社会持续健康发展的重要战略举措。

信用是一个社会复杂性的简化机制，是进入现代社会的通行证，是现代社会成员的品牌，是得到现代社会认可和尊重的资格。一个地区的信用状况是决定其环境竞争力和要素凝聚力的决定性因素。信用是一个城市和地区不可复制的竞争力和财富，在很大程度上取决于一个社会的文化、历史、经济发展水平、习惯和社会规范等因素，尤其是与这些因素相关的意识形态一旦内化为人们的偏好，就成了信用的一个有机组成部分。当前我国社会信用缺失严重，已经威胁到我国金融系统的安全，甚至威胁到整个社会和谐，直接影响到我国的国际竞争力，影响了消费需求和投资需求。因此，无论是从现在看，还是从将来考虑，信用奖惩机制建设问题都是辽宁省社会信用体系建设中的重点。

第一节 辽宁省信用体系建设现状

一 辽宁省信用体系建设状况

辽宁省的社会信用体系的建设工作始于2004年。近年来，辽宁省积极探索政府主导下的区域信用建设模式，加强对信用建设工作的领导，积极推进政府联合征信系统建设，整合信用信息资源，强化信用监管工作，引导信用市场服务，统筹政府、企业和个人三大主体的信用建设，信用建设工作取得了很大的进展和积极的成效，为社会信用体系的完善，社会主体信用奖惩联动机制的构建，防止和惩戒失信行为创造了基础条件。

(一) 比较健全的领导机构和工作机制

辽宁省的信用体系建设工作已经形成了以省社会信用体系建设领导小组为决策机构、以省发展和改革委员会及各市发展和改革委员会为管理机构、以省及各市的信用信息中心为实施机构的领导机制。在工作机制上已基本形成了省、市、县区三级工作机制，健全的领导机构和工作机制为信用奖惩机制的构建创造了坚实的组织保障。

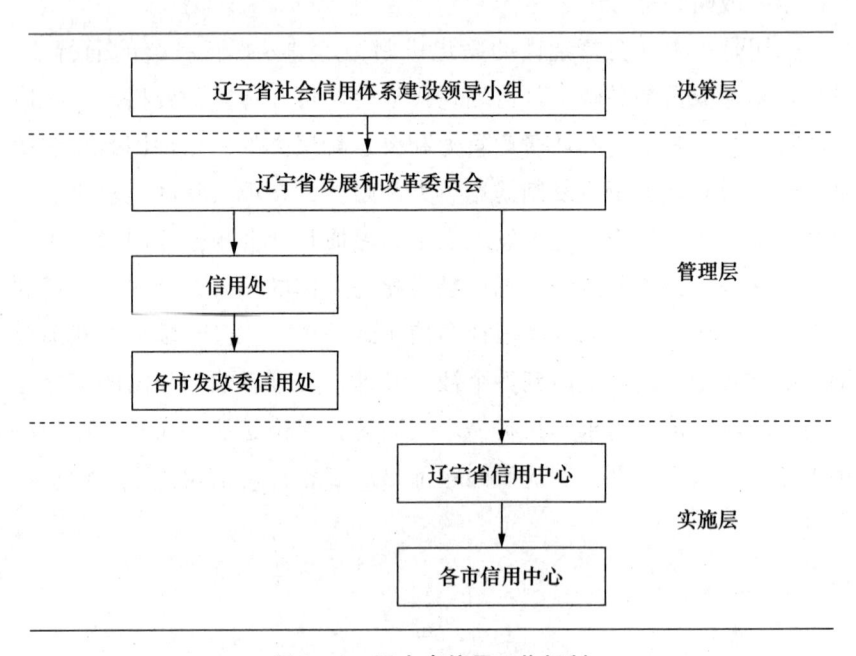

图 8-1 辽宁省信用工作机制

(二) 相对较早的立法和研究准备

法律环境是制约现代社会信用体系建设的关键因素，与全国其他地方相比，辽宁省信用立法工作走在了全国前列，先后颁布了《关于加强社会信用体系建设的意见》（辽政发〔2005〕21号）、《辽宁省企业信用信息征集发布使用办法》（省政府 220 令）、《辽宁省社会信用体系发展规划（2008—2012 年）》《辽宁省全面推进"信用辽宁"建设工作方案》《关于加快推进诚信辽宁建设的意见》（辽委发〔2014〕15 号）、《辽宁省社会信用体系建设"十二五"规划》《辽宁省公共信用信息管理办法》（省政府 299 令）、《关于印发辽宁省失信黑名单企业惩戒联动实施办法（试行）的通知》《"信用辽宁"建设工作目标绩效评议考核实施方案》、《辽宁省个人信用信息管理办法（草案）》（征求意见稿）等相关法规。经过近几年的立法调研、修改论证，已履行相关立法程序。这一系列文件的出台，从法律法规角度规范了辽宁省现代社会信用体系的建设和发展，同时也为惩戒失信行为及失信行为人提供了制度保障。

（三）初步发展的信用服务市场主体

辽宁省于 2007 年成立了信用协会，2010 年成立了省信用中心，并较早开始实施企业信用评级、培育信用服务市场主体、规范中介机构、加强行业自律、提高企业信用管理水平等中心工作，为社会信用体系建设和改善区域信用环境做了有益的尝试。目前，辽宁省信用中介机构近百家（涉及企业信用调查、信用评级、有价证券信用等级评估、企业风险管理及信用咨询、信用管理、人才培训等中介服务领域）。分布在辽宁省的 14 个市。但分布情况还存在不均衡的状态，主要集中在沈阳和大连两市。几年来，信用服务企业发展较快，已取得了一定的成效，这为社会信用体系完善以及信用奖惩联动机制的构建奠定了必要的基础条件。

（四）信用信息平台建设和数据征集工作情况

2006 年，辽宁省开始推进全省信用数据交换平台建设，确立了省、市、县三级信用信息平台建设模式。目前，已建成省信用数据交换平台（以下简称省中心平台）1 个，市级信用数据交换平台 14 个，省（中）直数据源平台 35 家，县级平台 4 个；在建省（中）直数据源平台的部门有 11 家，县级平台 16 家。省中心平台实现了与工商、质监、税务、公安等 36 个省直数据源单位、14 个市和 4 个县区之间的互联互通与信息共享。其中，省科技厅、省公安厅、省国土厅等 19

个省直数据源单位、14个市的127个数据源单位实现了数据实时交换和更新。目前,省中心平台已征集各类信用信息4.9亿笔,涵盖了全省265万户工商注册企业(含个体工商户)、2万户民政系统注册的民办非企业和社会团体等信息。为信用数据使用和信用产品开发奠定了坚实基础,为信用奖惩联动机制的构建和运行提供了信息来源。

二 辽宁省社会主体信用的综合评价

建立健全合理的奖惩联动机制,既是规范信用交易的有效途径,也是建立现代社会信用体系的基本保障和关键环节,不可能凭空而起,必须同经济社会发展文化基础相结合,才能建立起现代社会信用体系和合理有效的奖惩机制。

辽宁省进入了加快工业化、城市化、信息化、市场化和国际化进程,全面推进社会主义现代化建设的新阶段,正处于传统向现代社会转型、产业结构发生急速调整的关键时期,必须加快以奖惩机制为核心的社会信用体系建设,以提升辽宁省竞争软实力,确保经济和社会长期可持续发展。辽宁省在全国社会信用体系尚未建立的情况下,在省委、省政府的正确领导与高度重视下,在信用体系建设方面做出了卓有成效的工作。通过上述分析可见,辽宁省在领导机构和工作机制、立法和研究准备、信用服务市场主体的培育、信息化基础建设和信用市场监管机制等方面都做出了卓有成效的工作。全社会"诚信光荣,失信可耻"的氛围正在形成,这些都为辽宁省加快建设社会信用体系和构建信用奖惩机制提供了有利条件。

第二节 辽宁省社会信用存在的问题

尽管辽宁省委、省政府在信用体系建设上采取了一系列措施,取得初步的成效,但信用体系建设还远不能完全适应高速发展的市场经济的需求,信用约束机制尚不够完善,信用奖惩机制尚未形成,经济主体的信用意识也处于较低的水平,由此导致经济社会各个领域信用缺失还在一定程度和范围内大量存在,加强社会主体信用奖惩联动机制建设已经刻不容缓。

辽宁省社会信用问题主要表现在以下几个方面：

一　企业信用缺失时有发生

（一）企业信用缺失的主要表现

（1）企业对消费者信用缺失严重，主要体现在产品质量和价格欺诈等方面。在产品质量方面以次充好的现象还大量存在；在物价方面谎称降价、虚构原价、超市中标价与实际结算价格不符等现象还时有发生。

（2）企业对政府的失信，主要体现在质量信用、纳税、对内部雇员以及商品价格方面还存在严重的失信问题。

税收失信方面，拖欠税款、采取账外账、两套账等手段隐匿销售收入；采取虚假的纳税申报，不列收入或少列收入；编制虚假的计税依据；成本不实，依不合法凭证入账；关联企业之间未按独立企业标准执行；违反会计制度、财务操作做假账等。

（3）企业内部失信方面，体现在用人单位与雇用者不签劳动合同、不上保险从而损害劳动者权益的现象还大量存在。

（二）企业信用缺失的影响

由于企业与银行、企业与企业、企业与个人之间的信息不对称性的存在，造成银行不敢贷款，企业有商机不敢做，增加了交易成本，造成市场失灵。由此可见，辽宁省企业诚信环境还比较缺乏，市场上存在大量的企业失信行为。市场经济本质上是信用经济，在一个缺乏信用的环境里，市场经济的微观主体不可能健康培育，市场经济体制也就难以真正建立。当前，在新一轮经济发展中，营造良好的企业信用环境将成为辽宁省体制创新与制度规范、再创体制新优势的重要组成部分。

二　个人信用基础还比较薄弱

辽宁省对现代社会信用意识的普及和认知度虽有所加强，但还没有形成普遍的信用环境，信用范围和规模十分狭小，失信行为还在一定范围内存在：

第一，由于信用观念和道德意识淡薄而出现的个体一般道德失信行为。

第二，由于惩戒和监管手段的局限性，社会公共事业缴费方面，如水、电、煤气、物业费用等的恶意失信还普遍存在。

第三，个人违法犯罪的严重失信行为。比如，盗用身份证和身份欺诈。

三 政府信用缺失还在一定范围和期限内长期存在

比如，开通的政府服务部门热线，群众反映的问题分两类：凡是投诉邻里居民、个体企业、非公企业等，常常是办理迅速，并能得到较满意的答案，而凡是投诉有关政府机关或公司经济实体，因它有强大的政府背景，那将是马拉松开始了，不会有理想的结果。

四 行业中介组织等社会中间体信用缺失还很严重

第一，会计、审计等经济签证类组织大量出现的会计报表和审计报告失真问题。如在资产评估过程中，企业提供的报表绝大部分都存在失真，会计师事务所的审计报告也是如此。财务、税务失真，审计失真形成风气，认为是正常的事情。

第二，行业协会等中介组织缺乏行业自律和信用意识。有的中介组织甚至带头违章违法，为企业失信披上合法外衣。

第三，一些中介机构缺乏信用意识和信用责任，存在严重的作假欺诈，为利益所驱，把服务行为变成了造假行为、信用评级等。

行业中介组织等社会中间体信用问题严重，不利于社会中间体的长远健康发展，对构建失信惩戒机制也造成巨大障碍。

第三节 辽宁省信用体系建设与构建信用奖惩机制的对策

一 总体思路

加快建立和完善现代社会信用体系，以建立社会主体信用奖惩机制为核心，坚持政府主导下的区域信用体系建设道路；充分发挥政府部门和市场的作用，调动社会各界的积极性；坚持以整合资源为目标，实现信用信息的联建共享；坚持"政府推动，市场运作"，依法向符合条件的社会信用中介机构适当开放信息，引导征信机构开发信用产品，推动信用服务业的市场化。

二　运行机理与实现路径

辽宁省信用奖惩机制最终建设目标将是以市场奖惩机制为主体，行政奖惩、行业奖惩、司法奖惩和社会奖惩机制为补充和重要组成部分的惩戒到失信行为人的综合惩戒体系。

（一）政府联合征信系统的建设

政府联合征信系统建设是社会信用体系建设和奖惩联动机制的基础。总体框架结构如图8-2所示。

政府联合征信系统应该包括两个数据库即政府联合征信系统数据库和信息服务数据库，三个平台即政府办公信息查询平台、信息交换平台和互联网信息发布平台以及两大服务即政府联合监管服务和市场化服务。

通过信息交换平台，采集、整合相关部门的信用信息资源，构成中心的政府联合征信系统数据库和信息服务数据库，主要包括个人信用信息和企业信用信息两个部分。

通过政府办公信息查询平台提供政府内部各部门之间的信息共享。

通过互联网信息发布平台对社会公众提供信息查询服务。

通过政府监管服务和市场化服务，实现政府内部信用信息查询和互联网披露，实现政府部门的联合监管。按照"政府引导、市场运作"原则，依法向信用服务企业提供企业和个人信用信息，支持和引导信用服务。

联合征信平台采用大数据库方式工作，它界定、整合、筛选、处理和传播信用信息，并将以原始征信数据形式呈现的信用信息处理成符合标准的征信数据。

通过联合征信平台，政府相关部门可以将内部的信用信息汇集到一处，由联合征信平台对所汇集来的信用信息进行统一采集、加工、

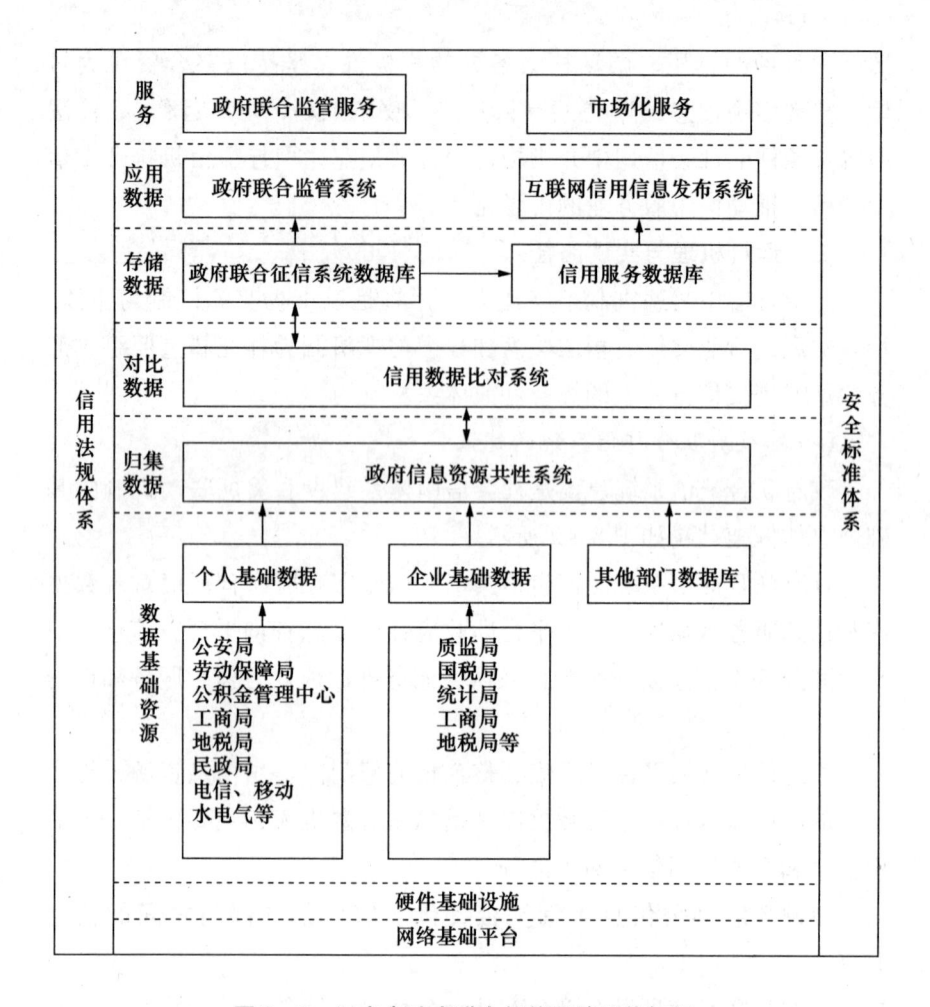

图8-2 辽宁省政府联合征信系统总体框架

管理和发布。使用联合征信平台的各方还可以依靠联合征信平台的工作,达到将社会上的信用信息补充进来的目的,实现相关政府部门之间的信用信息共享。联合征信平台信用奖惩联动机制运行的基础设施。

  根据现有条件,联合征信平台可以不是一个孤立的数据库系统,可以采用连线网络形式工作,形成由多个分布在不同政府部门的数据库构成的一个分布式的征信数据库群。在此系统中,最关键和最基础的工作是信用信息的归集,包括个人信息、企业信息,这是政府联合征信系统的数据基础。

信用信息归集是指根据征信的有关法规,通过信用归集接口,利用信用交换平台从各个政府部门、公用事业单位等获取政府履行内部监管职能和提供社会个人征信服务所需要的信用指标项,归集到信用中心数据库。

(二)信用奖惩机制运行模式

1. 政府联合征信平台的作用

(1)信用服务行业和企业能够依托政府联合征信平台以无偿或低价的形式从政府手里获取相关信用信息,整合、加工形成信用产品,通过市场化运作,在市场上大量销售和广泛使用信用报告,传播失信行为人的失信记录,使失信者对一方或多方的失信扩大为对全社会的失信,使失信者付出高昂的交易成本,以此对全社会产生约束力和威慑力,真正发挥市场惩戒的主体作用。

(2)政府各相关职能部门根据各自提供的信用信息以及行政监管信息,依托政府联合征信平台,实现政府内部信息的互联互通,协同监管,形成监管合力,实现行政惩戒的职能。

(3)司法惩戒应该是失信惩戒机制的独立子系统,其司法处置信息进入政府联合征信平台,然后据此可用于政府职能部门内部的互联互通,协调监管,也可以向信用服务企业和行业提供,成为市场性惩戒的原材料来源。

(4)行业协会依据行业内部掌握的信息,依托政府联合征信平台的政府公开信息、行政监管信息以及行业自律信息,对行业内失信行为进行惩戒,发挥行业性惩戒的作用,借助政府联合征信平台免费向社会公开信息,以及媒体等信息的广泛传播,形成市场惩戒。

2. 以政府联合征信平台为载体的奖惩机制运行模式

(1)市场奖惩机制运行模式。政府联合征信平台为市场奖惩机制发挥作用提供了信息来源。它的两大服务之一就是为征信机构的市场化提供服务。联合征信平台是企业征信系统和个人征信系统的主要数据供应商,政府联合征信数据库对于信用服务企业来说也可划分为三类:一是政府主动向社会公开的信息;二是政府部门内部共享的信息;三是依法向信用服务企业公开的信息。第三类信息的提供,可以采取政府定价的方式提供给信用服务中介机构。通过信用服务企业对于基础信息的加工处理产生附加价值,通过信用报告销售和使用,发挥信息甄别和传递机制的作用,市场自发做出拒绝交易等惩罚,从而达到将失信行为人的失信记录扩大化,以此对失信行为人产生约束力和威慑力,达到市场惩戒的目的,其运行模式如图8-3所示。

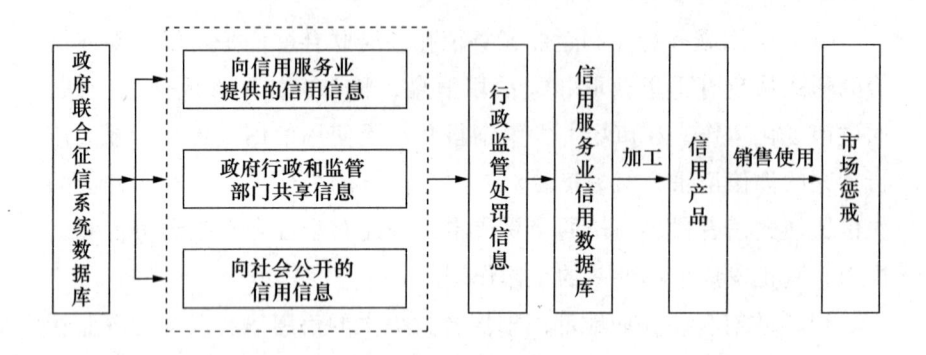

图8-3 市场奖惩机制运行模式

(2) 行政奖惩机制运行模式。行政奖惩机制的实施者是政府综合管理部门,通过政府联合征信平台,政府综合管理部门可以将内部的信用信息汇集到一处,由联合征信平台对所汇集来的信用信息进行统一采集、加工、管理和发布。使用联合征信平台的各方还可以依靠联合征信平台的工作,达到将社会上的信用信息补充进来的目的,实现信用信息的共享和数据交换,形成有效的政府分类监管和联合监管,实施行政奖惩机制,如图8-4所示。

政府联合征信平台消除了采集政府信息的政策障碍,实现了相关政府部门之间的信用信息共享。

(3) 行业奖惩机制运行模式。行业协会也可以依托政府联合征信平台,利用向社会公开的公共信息,以及行业自律的信息等各种可向行业公开的信息,形成行业惩戒,引导企业行业自律,建立进入和退出机制。行业奖惩戒信息还可以通过政府联合征信系统用于政府职能

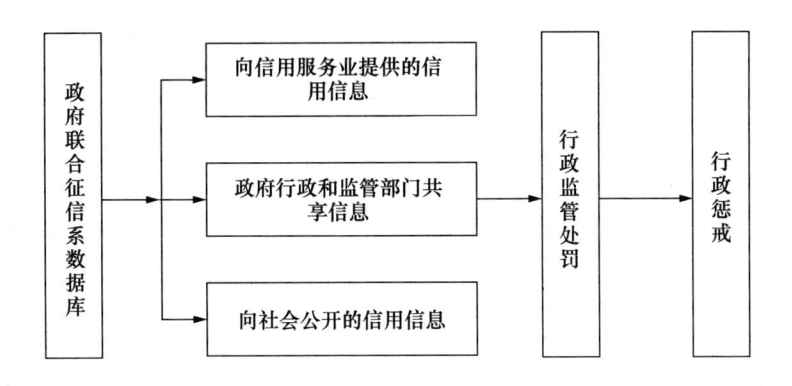

图 8-4　行政奖惩机制运行模式

部门之间的内部监管，并传递给信用服务企业和行业，作为市场奖惩戒信息来源之一，实现市场奖惩戒、行政奖惩戒与行业惩戒的联合监管。

（4）司法奖惩机制运行模式。司法惩戒是失信惩戒体系独立的子系统，政府联合征信平台为司法惩戒机制发挥作用提供了重要途径。对进行司法惩戒（包括司法处置和司法配合）的信用信息可以进入政府联合征信平台，用于政府各职能部门内部监管，并通过政府联合征信平台免费或低价提供给信用服务中介机构，作为市场惩戒的信息来源，形成信用产品和报告，发挥市场惩戒的主体作用和司法惩戒的补充作用，实现司法惩戒、行政惩戒与市场惩戒的综合惩戒。

（5）社会奖惩机制运行模式。以政府联合征信平台为载体的社会奖惩机制运行模式是：利用政府联合征信平台免费向社会公开发布社会信息，形成社会公共信息，同时，依托政府联合征信平台，与政府行政监管信息以及市场惩戒等信息一起在社会上广泛传播、传递，实现社会奖惩机制的功能，使失信者对一方或多方的失信，扩大为对全社会的失信，使失信者在社会经济生活中遭受种种不便，寸步难行。

三　辽宁省社会主体信用奖惩机制的实施步骤与措施

（一）总体目标

（1）全面提升社会成员的信用意识，提高诚实守信的道德水平。

（2）以政府公共信息平台为载体，发展当地信用管理服务，为市场主体提供信用信息，提高信用管理水平，提高市场竞争力。

（3）依托信用奖惩机制，对失信行为人实施严厉惩戒，对守信者进行激励，使政策向诚实守信市场主体倾斜，规范市场主体行为。

（4）为本区域的社会安定和经济持续发展创造良好的信用环境，降低市场交易双方的信息不对称，创造公平交易环境，减少交易成本，提高本地区在国际市场上的竞争力，提高本地区的形象。

（二）实施步骤与措施

培育市场化的信用服务企业，强化主体信用意识，加快立法进程，是信用奖惩机制的核心内容。结合辽宁省的实际情况建立信用奖惩机制可分为三个阶段：

第一阶段：准备阶段。主要目标是形成规划方案和主要管理办法。在目前我国社会信用问题比较严重的情况下，实现从失信到守信的转变，法律、规划具有道德不可替代的强制性规范和约束作用，因此，在筹备阶段要规划和办法先行，主要工作包括以下几个方面：

（1）制订规划方案。辽宁省政府要将奖惩机制建设作为完善现代社会信用体系，规范市场经济秩序，加快经济社会发展的一项战略性任务。依据规划省政府应当尽快制定辽宁省信用体系和构建奖惩联动机制建设的实施办法和政策指导性文件。

（2）建立组织机构。一是加强信用体系建设工作领导小组和办公室的工作，充实力量，加大工作力度，扩大职能范围。二是省内综合管理部门、各市、各区县、各行业也应当结合实际和五种失信惩戒机制制订具体运作方案，并组织实施。

（3）建立和完善法规、政策和管理办法。一是制定关于政府信息资源公开和整合的配套管理办法，包括《政府信息公开规定》《政府信息登记管理办法》《政府信息资源保护办法》和《政府部门信息交换管理办法》等相关法规的建立与完善工作。二是推进《企业信用信息征集与发布管理暂行办法》的制定，规范企业征信信息和企业征信机构的监督管理办法。三是推进政府职能部门制定配套的政策措施，鼓励和支持各类市场主体在经济活动中给守信者以更多的优惠，对失信者予以必要的惩罚。

(4) 完善政府联合征信平台。为方便社会各界获得政府信用信息，规范信用信息披露途径，政府信息公开应分类有序进行。界定哪些是免费主动向社会公开的信息，哪些是用于政府内部监管的信息，哪些是应向信用服务企业提供的信息，使信用服务企业能合法有效地获取相关信息，形成信用产品，并通过信用产品的销售和流通形成有效的市场性惩戒。

(5) 开展现代信用和失信惩戒知识的培训和教育。一是开展一系列宣传教育和培训活动，大力弘扬遵纪守法、诚实守信的社会道德新风尚，加大对失信行为的惩戒和宣传，使失信者一处失信，处处受制约，通过道德建设和法规制约，不断提高全体公民的道德信用素质。二是在中小学、高等院校开设诚实守信等相关课程，提高学生信用意识。三是编写信用知识培训各类教材，把普及信用知识、增强信用观念作为重要内容，增强公民维护信用的自觉性。

第二阶段：整合阶段。主要目标是建立信用体系与奖惩机制框架体系，并开始启动对重要失信行为的惩戒，主要工作包括：

(1) 健全和完善政府信用数据开放的管理办法和操作规定，完善与政府信用相关的各项管理制度。制定出台《信用信息开放与保护条例》与《社会信用信息管理办法》。

《信用信息开放与保护条例》主要是明确界定信用信息数据开放的范围，其中包括：必须开放的数据源及其监督机构的责任；界定数据的保密范围，即在强制性公开部分信用信息数据的同时，确定必须保密的部分；确定对信用信息数据的开放、保护及经营方式等。

《社会信用信息管理办法》主要解决社会信用的范围和形式；既要加强隐私的保护，也要对社会严重失信行为进行曝光；社会信用监管部门与职责；社会信用行业管理，推动政府部门和相关单位按职能划分，履行对失信行为的惩戒职能。

(2) 大力培育和促进信用服务行业发展，发挥市场惩戒在失信惩戒机制中的主体作用。一是制定有关促进和规范信用服务行业发展的政策与办法，大力支持信用服务机构的发展，普及信用服务，规范信用行业、信用产品的行业管理。二是建立中介服务机构市场准入、监管、退出机制。建立对各类信用服务机构、资信评估机构和信用担保机构的资质和市场准入标准。三是加强中介服务机构从业人员的培训与考核。对其从业人员实行执业资格考核、信用审查制度。四是促进信用服务业的健康发展，广泛收集、合成、传递失信信息，把个别环节失信信息向相关的经济社会领域披露，将失信行为人的失信行为扩大化，把对交易对方的失信转化为对全社会的失信，让失信行为人付出高昂的交易成本，使失信者一处失信，处处受制约。

（3）积极培育对信用产品的市场需求。制定有关领域必须使用信用产品的制度，扩大信用信息使用范围。如在银行贷款、招投标、政府采购中，要求有关企业提供征信服务机构出具的信用报告，为信用服务向市场方向发展奠定市场需求基础。在个人贷款、提职、评职称、消费等方面要求提供个人的信用评价报告。对于拥有良好信用记录的个人和企业给予各方面的优惠和便利，增加其守信收益，引导市场主体的信用行为，对严重失信的企业和个人进行惩戒、监管和约束，增加失信成本，发挥指示作用。

（4）加强和改进政府对各类市场主体及其行为的监管，使行政惩戒和司法惩戒真正落到实处，形成监管合力。一是政府各职能部门要制定与失信惩戒机制配套的政策措施，落实失信惩戒的主体、操作模式和惩戒的效果，对社会失信行为予以惩戒，并通过信息的广泛传播形成社会性惩戒，产生强大的威慑力和约束力。二是建立比较规范统一的、以信用信息为基础的分类监管制度，包括预警机制、奖惩机制、信息记录和披露制度等。三是出台《不良信用信息披露办法》，对如何收集、披露市场主体不良信用记录、信息内容、公布方式、公布机构、查询要求、资料保存时间等做出明确规定，逐步发挥行政惩戒性、司法惩戒的积极作用，提高政府部门的协调性和互通性，促使监管合力初步形成。

（5）加强行业协会建设，发挥行业惩戒的自律作用。一是建立行业的信用标准化体系，对违反行业规定的失信行为人进行取消资格、限制市场进入等多种惩戒，达到行业自律的目的。二是指导信用服务机构建立企业信用评价体系，建立信用行业的标准化体系。包括信用数据库标准、数据格式标准、信用报告标准、信用产品质量标准、企业代码等。

（6）合理有效利用社会惩戒。制定出台《社会信用信息管理办法》，主要解决社会信用的范围和形式。社会信用信息开放与保护，既要加强隐私保护，也要对社会严重失信行为进行曝光，发挥社会惩戒的积极作用。

第三阶段：完善阶段。主要目标是完善信用奖惩机制，并取得明显效果，使该机制真正成为完善社会信用体系的关键环节和有效保障，主要工作包括：

（1）基本形成市场化运作的信用服务行业，市场惩戒在失信惩戒中开始发挥主导作用。一是放开企业征信服务领域的市场准入，形成若干专业服务水平较高的信用服务企业主体。二是在有关领域实施信用评级后的准入制，设立相关的信用等级门槛。首先在银行同业市场、商品交易市场等建立相关制度，逐步扩大到经济工作的其他各个领域。三是信用产品和信用报告广泛使用，通过信用产品的销售、购买和使用实现失信行为的转化和扩大，将失信行为带来交易双方的矛盾扩大到失信者与整个社会的矛盾，使市场惩戒这只"看不见的手"发挥主导作用，无形中给失信者以最大和最严厉的惩罚。

（2）完善信用信息数据交换平台，提高信用信息资源的共享。在政府联合征信平台基础上，继续整合、充实征信数据，扩大数据库规模，建立统一规范的企业信用标识码和企业信用档案，实现互联互通，逐步建立部门之间可以共享信用信息的交换机制，实现信息资源共享，并在此基础上，实现行政惩戒、司法惩戒、行业惩戒与市场惩戒和社会惩戒的完美链接，使失信者无处可逃，在社会经济生活中寸步难行。

（3）提高全社会对信用产品需求及应用水平。实现信用信息发布、咨询和查询的社会化、市场化和专业化。政府根据管理需要，购买征信服务机构特定的信用产品，对信用记录良好的企业和个人给予种种便利，对信用记录不好的企业和个人给予种种限制和约束，建立必要的企业信用信息数据库和企业信用发布查询系统。

（4）个人征信体系的建设与作用的发挥。一是建立公民信用信息卡制度，将个人信用情况收入卡中，伴随一生。二是制定有关个人信用信息使用和管理办法、个人信用服务管理办法等制度，规范个人征信信息和个人征信机构的监督管理办法。重点解决个人征信的范围及限制行为、规制对象的范围；信息主体对个人信息的权利；个人信用报告的公开及方式；确保征信的准确性及时效性；个人信用信息的泄密和救济援助。

（5）企业信用风险管理体系形成。完善中小企业信用担保机制，指导企业建立科学的信用管理制度，企业信用风险管理体系全面形成并充分发挥作用。

（6）全面完善政府对信用市场的监督和管理。形成规范、健全的信用市场监管体系，使五种失信惩戒机制同时推进，各有侧重，各有分工，明确边界，形成高效顺畅、相辅相成、互为补充的失信惩戒体系，引导市场主体的信用行为，使诚实守信成为社会普遍接受的市场规范和道德准则。

结束语

目前，我国经济发展与信用现状高度的不协调，国家《征信管理条例》的出台以及全国统一的金融信用信息数据库的建立都显示了国家以及市场对于这一现象的高度重视，社会信用体系作为社会主义市场经济建设中的重要组成部分，迫切要求政府不断地完善信用奖惩机制的框架和运行程序，贯彻落实科学发展观以及构建和谐社会的新目标。综合国内外的经验，社会主体信用奖惩机制的发展要做到以下四个方面：

一　发挥政府职能，为信用奖惩机制建立保驾护航

第一，政府作为市场的监管者，信用信息的来源具有得天独厚的优势，信用市场的建立促进政府对分散在各部门的信息分类整理，综合监管，把其部分不涉及机密的信息输送到征信服务机构的信息平台，完善市场信用信息的来源。

第二，政府作为调节市场的"看得见的手"，引导各行业将信用信息公开，并且组织不同行业开展诚信教育，定期对行业的信用状况做出评价。

第三，政府作为法律法规的制定者，不断地完善信用方面的专有法律，包括信用信息采集、处理等全过程的法律，而且鼓励"以市场参与者为主"信用信息规范的建立。

第四，组织专业化的队伍，研究制定市场信用标准化体系，开展标准化的试点工作，为信用体系的建立做好标准化的支撑。

第五，逐步实现政府在信用体系建立过程中的角色转化，由市场的主导者逐步实现市场的监督作用。

二 发挥行业自律作用，为信用奖惩机制的建立助力推进

第一，行业作为信用体系建立最直接最广泛的参与者，最重要的就是建立行业信用，实现行业内部的自律，日本是以行业协会作为驱动建立了信用体系，所以，这个方面可以借鉴日本的经验。

第二，由于行业的划分众多，信用奖惩体制的初期建立过程不可能覆盖全部的行业，这时就需要"抓关键"行业，重点先建立有关国计民生行业的信用体系，然后深入扩展将信用体系推广至整个市场。

第三，行业之间应该打破划分的界限，相互之间定期地进行信用建设的经验研讨交流，学习体系建立过程中的优秀经验，促进共同发展。

第四，利用行业相比于市场的集中化优势，对行业内的失信企业的失信行为进行广泛的传播，让企业之间失信行为扩大到失信企业与行业的失信，增大失信企业的失信成本以此来起到威慑力的作用。

三 完善信息系统建设，满足信用奖惩机制建立的信息需求

第一，"信用长三角"第一个实现了信用信息平台跨省市的建立，覆盖全社会信息系统的实现就应该借鉴"长三角"的经验，首先部分区域发展，待各部分发展比较成熟的时候再整体推进的过程。

第二，鼓励现存的信息系统面向社会开放，向法律法规规定的具备征信服务资质的企业以收取费用的形式提供信息，刺激征信产业链的繁荣，进一步完善本系统的信息。

第三，依托互联网的信息传播技术，以政府为主导、中央银行为主体，实现政府与征信服务系统的信息联动共享，丰富信用信息的来源，扩大信用信息系统的范围。

四 完善法律法规建设，为信用奖惩机制建立提供法律依据

第一，法律法规的完善以现存的法律制度为依托，借鉴国外完备的法律制度，补充专项法律制度方面的缺失，实现信用体系一体化法律制度。

第二，加强个人隐私法律保护制度的建立，目前信息系统的"零散化"很大程度上是由于各个信息系统出于自身利益以及安全方面的考虑，阻碍了信息系统的整合完善，个人隐私法律法规解决了信息主

体的后顾之忧。

以政府为主导、法律为保障、行业为主体、信息为支撑，信用奖惩联动机制通过"守信激励，失信惩罚"的机制，可以塑造"诚信"的市场环境，树立国际品牌和声誉，提升国家软实力和国际影响力，来赢得全球化主动权。

参考文献

[1] Oliver E. Williamson, "Transaction - Cost Economics: The Governance of Contractual Relations", *Journal of Law and Economics*, (Oct) 1979, Vol. 22, No. 2, pp. 233 - 261.

[2] Oliver E. Williamson, "Credible Commitments: Using Hostages to Support Exchange", *American Economic Review*, 1983, 73 (5), pp. 19 - 40.

[3] Margaret, J. Miller, *Credit Reporting System around the Globe: the State of Art in Public Credit Registries and Private Credit Reporting Firm*, World Bank, 2002.

[4] Klein, Daniel B., "Promise Making in Great Society: A Model of Credit Information Sharing", *Journal of Economics and Politics*, 1992, 1 (1), pp. 17 - 136.

[5] Tullio Jappelli and Marco Pagano, "Information Sharing, Lending and Defaults: Cross - Country Evidence", *Journal of Banking & Finance*, 2002 (26), pp. 2017 - 2045.

[6] Robert Axelrod, "Effective Choice in the Prisoner's Dilemma", *Journal of Conflict Resolution*, 1980 (24), pp. 3 - 25.

[7] Robert Axelrod, "The Emergence of Cooperation among Egoists", *American Political Science Review*, 1981 (75), pp. 306 - 318.

[8] Partha Dasgupta, In Diego Gambetta (ed.), *Trust: Making and Breaking Cooperative Relations*, Oxford: Basil Black - well, 1988, pp. 49 - 72.

[9] Avner Grief, "Reputation and Coalition in Medieval Trade: Evidence

on the Maghribi Traders", *Journal of Economic History*, 1989, 49 (Dec.), pp. 857 – 882.

[10] Avner Grief, "Contract Enforce Ability and Economic Institutions in Early Trade: The Maghribi Traders' Coalition", *The American Economic Review*, Vol. 83, No. 3 (Jun., 1993), pp. 525 – 548.

[11] Avner Grief, "Institutions and Commitment in International Trade: Lessons from the Commercial Revolution", *American Economics Review*, 1992, 82 (May), pp. 128 – 133.

[12] Avner Grief, "Cultural Beliefs and the Organization of Society: 'Historical and Theoretical Reflectionon Collectivist and Individualist Societies", *Journal of Political Economy*, 1994, 101 (Oct.), pp. 912 – 950.

[13] Avner Grief, "Historical and Comparative Institutional Analysis", *American Economics Review*, 1998, (May, 2), pp. 80 – 84.

[14] Barzel, Y., "Measurement Cost and the Organization of Markets", *Journal of Law and Economics*, 1982, Vol. 25, pp. 27 – 48.

[15] Gary Biglaiser and Claudio Mezzetti, "Principals Competing for an Agent in the Presence of Adverse Selection and Moral Hazard", *Journal of Economic Theory*, 1993, 61, pp. 302 – 330.

[16] Bruce Greenwald and Robert Glasspiegel, "Selection in the Market for Slaves: New Orleans, 1830 – 1860", *The Quarterly Journal of Economics*, 1983, 108 (2), pp. 461 – 473.

[17] Ronald H. Coase, "The Problem of Social Cost", *Journal of Law and Economics*, 1960, 3 (1), pp. 1 – 44.

[18] Avner Crief, *How Do Self – Enforcing Institutions Endogenously Change? Institutional Reinforcement and Quasi – parameters*, Mimeo, 2001.

[19] Avner Crief, *On the History of the Institutional Foundations of Impersonal Exchange: From Communal to Individual Responsibility in Pre – modern Europe*, Mimeo, 2001.

[20] Avner Crief, Paul Milgrom and Barry R. Weingast, "Coordination, Commitment and Enforcement: The Case of the Merchant Guild", *Journal of Political Economy*, 1994, 102 (4), pp. 744 – 776.

[21] Oliver E. Williamson, "The Logic of Economic Organization", *Journal of Law*, Economics and Organization, 1988, 4, pp. 65 – 117.

[22] Oliver E. Williamson, "A Comparison of Alternative Approaches to Economic Organization", *Journal of Institutional and Theoretical Economics*, 1990, 146 (1), pp. 61 – 71.

[23] Oliver E. Williamson, "Caculativeness, Trust, and Economic Organization", *Journal of Law and Economics*, 1993a, 36, pp. 453 – 502.

[24] Oliver E. Williamson, "Calculated Trust, A Reply", *Journal of Law and Economics*, 1993b, 36, pp. 501 – 502.

[25] Oliver E. Williamson, "The New Institutional Economics: Taking Stock, Looking Ahead", *Journal of Economic Literature*, 2000, 38, pp. 595 – 613.

[26] Stephen D. Williamson, "Costly Monitoring, Loan Contracts, and Equilibrium Credit Rationing", *The Quarterly Journal of Economics*, 1987, Feb., pp. 135 – 145.

[27] Robert Axelrod, *The Evolution of Co – operation*, New York, Basic Books, 1984.

[28] Robert Axelrod and William D. Hamilton, "The Evolution of Co – operation", *Science*, 1981, 211, 13, pp. 90 – 96.

[29] Tullio Jappelli and Marco Pagano, "Information Sharing in Credit Markets", *The Journal of Finance*, 1993, (43), pp. 1693 – 1718.

[30] Padilla A. Jorge and Marco Pagano, "Endogenous Communication among Lenders and Entrepreneurial Incentives", *The Review of Financial Studies*, 1997 (10), pp. 205 – 236.

[31] Bart Nooteboom, *Trust, Opportunism and Governance: A Process and Control Model*, Organization Studies, 1996, 17 (6), pp. 985 – 1010.

[32] Hellmuth Milde and John G. Riley, "Signaling in Credit Markets",

The Quarterly Journal of Economics, 1988, Feb., pp. 101 – 129.

[33] George Akerlof, "The Market for a 'Lemons', Quality Uncertainty and the Market Mechanism", *Quarterly Journal of Economies*, 1970, Vol. 84, Aug., pp. 488 – 500.

[34] George Akerlof and Janet Yellen, *Efficiency Wage Models of the Labor Market*, Cambridge: Cambridge University Press, 1986.

[35] Kenneth. J. Arrow, *The Limits of Organization*, New York: Norton, 1974.

[36] Craswell Richard, "On the Uses of 'Trust'; Comment 'Calculativeness. Trust, and Economic Organization'", *Journal of Law and Economics*, 1993, pp. 487 – 500.

[37] Ronald H. Coase, "The New Institutional Economics", *American Economic Review*, 1998, 88 (2), pp. 72 – 74.

[38] Russel Cooper and Thomas W. Ross, "Prices, Product Qualities and Asymmetric Information: The Competitive Case", *Review of Economics Studies*, 1984, LI, pp. 197 – 207.

[39] Douglas W. Diamond, "Reputation Acquisition in Debt Markets", *Journal of Political Economy*, 1989, 97 (4), pp. 828 – 862.

[40] J. B. Barney and M. H. Hamsen, "Trustworthiness as a Source of Competitive Advantage", *Strategy Management Journal*, 1995, 15, pp. 175 – 190.

[41] Douglas W. Diamond, "Monitoring and Reputation: The Choice between Bank Loans and Privately Placed Debt", *Journal of Political Economy*, 1991, 99 (4), pp. 689 – 721.

[42] Dionne G. and P. Lasserre, "Adverse Selection, Repeated Insurance Contracts and Announcement Strategy", *Review of Economic Studies*, 1985. 52, pp. 719 – 723.

[43] Winand Emons, "Warranties, Moral Hazard and the Lemons Problem" *Journal of Economic Theory*, 1988, 46, pp. 16 – 33.

[44] James W. Friedman, "Cooperative Equilibrium in Finite Horizon Non –

Cooperative Super Games", *Journal of Economic Theory*, 1985, 35, pp. 390 – 398.

[45] Drew Fudenberg and Levin, D., "Reputation and Equilibrium Selection in Games with a Patient Player", *Econometrics*, 1989, 57, pp. 759 – 778.

[46] Furubotn, E. and R. Richter, "Institutions and Economics Theory", *The Contribution of the New Institutional Economics*, University of Michigan Press, 1998.

[47] Diego Gambetta, "*Can We Trust?*" in Gambetta, Diego (ed.) *Trust: Making and Breaking Cooperate Relations*, Oxford: Basil Blackwell, 1988.

[48] Fehr, E. and Gaechter, S., *Do Incentive Contracts Crowd Out Voluntary Cooperation?* IERE Working Paper No. 34, University of Zurich, 2000.

[49] James W. Friedman, "A Non – Cooperative Equilibrium for Supergame", *Review of Economic Studies*, 1971, 38, pp. 1 – 12.

[50] Joseph E. Stiglitz Andrew A. Weiss, "Alternative Approaches to Analyzing Markets with Asymmetric Information: Reply", *American Economic Review*, 1983, 73, pp. 246 – 249.

[51] Steven Tadelis, "What's name? Reputation as a Tradable Asset", *American Economic Review*, 1999, 89 (3), pp. 549 – 563.

[52] Kerry D. Vandell, "Imperfect Information, Uncertainty, and Credit Rationing: Comment and Extension", *The Quarterly Journal of Economics*, 1984 (Nov.), pp. 841 – 868.

[53] Werner Guth and Axel Ockenfels, *The Co – Evolution of Trust and Institutions in Anonymous and Non – anonymous Communities*, mimeo, 2002.

[54] Rosalinde K. Woolthuis, Hillebrand Bas and Nooteboom Bart, *Trust and Formal Control in Inter – organizational Relationships*, 2002.

[55] Gaski, J. F., "The Theory of Power and Conflict in Channels of Dis-

tribution", *Journal of Marketing*, 1984, 48 (Sum.), pp. 9 – 29.

[56] David Genesove, "Adverse Selection in the Wholesale Used Car Market", *Journal of Political Economics*, 1993, 101 (4).

[57] H. Gintis, "Strong Reciprocity and Human Sociality", *Journal of Theoretical Biology*, 2000, 206, pp. 169 – 179.

[58] Glover, Jonathan, "A Simple Mechanism That Stops Agents from Cheating", *Journal of Economic Theory*, 1994, 62, pp. 221 – 229.

[59] Jerry Green and Charles M. Kahn, "Wage – Employment Contracts", *The Quarterly Journal of Economics*, 1983, 98, Supplement, pp. 172 – 187.

[60] Amartya Sen, "Rational Fools: A Critique of the Behavioral Foundations of Economic Theory", *Philosophy and Public Affairs*, 1977, 6 (4), pp. 317 – 344.

[61] Carl Shapiro, "Premiums for High Quality Products as Returns to Reputations", *Quarterly Journal of Economics*, 1983, Vol. 98, Issue 4 (Nov.), pp. 659 – 680.

[62] Alan Schwartz, "Product Quality and Imperfect Information", *Review of Economic Studies*, 1985, LII, pp. 251 – 262.

[63] Alan Schwartz and L. L. Wilde, "Product Quality and Imperfect Information", *Review of Economic Studies*, 1985, Vol. 52, pp. 251 – 262.

[64] Douglass C. North and Barry R. Weingast, "Constitutions and Commitment: The Evolution of Institutions Governing Public Choice in Seventeenth Century England", *Journal of Economic History*, 1989, 49 (4), pp. 803 – 832.

[65] Joel Sobel, "A Theory of Credibility", *Review of Economic Studies*, 1985, LII, pp. 557 – 573.

[66] Joel Sobel, "Can We Trust Social Capital?", *Journal of Economics Literature*, 2002, XL (Mar.), pp. 139 – 154.

[67] A. B. Zaheer and N. Venkatraman, "Relational Governance as an Inter – organizational Strategy: An Empirical Test of the Role of Trust

in Economic Exchange", *Strategic Management Journal*, 1995, 16, pp. 373 – 392.

[68] Paul J. Zak and Stephen Knack, "Trust and Growth", *The Economic Journal*, 2001, 111 (Apr.), pp. 295 – 321.

[69] 李桂娟、赵继伦：《市场经济条件下诚信缺失的危害及应对》，《中国经贸导刊》2011 年第 17 期。

[70] 贺芳：《社会信用缺失的现状、成因及对策》，《武汉金融》2008 年第 9 期。

[71] 戴红美：《我国社会诚信缺失问题研究》，《长沙大学学报》2015 年第 5 期。

[72] 王晓明：《征信体系构建制度选择与发展路径》，中国金融出版社 2015 年版。

[73] 玛格里特·米勒：《征信体系和国际经济》，中国金融出版社 2004 年版。

[74] 杨光：《借鉴国际经验推进我国全面征信的几点思考》，《金融经济》2016 年第 2 期。

[75] 沈素平、姜翠娥：《市场经济中个人信用缺失的危害与对策》，《莱阳农学院学报》（社会科学版）2004 年第 12 期。

[76] 薛志林：《我国企业信用缺失的根源与对策》，《企业改革与管理》2013 年第 2 期。

[77] 罗明：《我国诚信政府建设的路径选择》，《福州党校学报》2011 年第 5 期。

[78] 杜生权：《政府信用缺失的经济学分析》，《长春工程学院学报》（社会科学版）2010 年第 11 期。

[79] 赵振增、王浩：《博弈论视角下的社会诚信问题研究》，《理论视野》2011 年第 2 期。

[80] 余云疆：《当前我国社会诚信凸显问题及策略研究》，《云南行政学院学报》2013 年第 13 期。

[81] 陈庆林：《浅议中国社会信用体系建设》，《经济研究导刊》2013 年第 24 期。

[82] 刘琼、方锦：《转型期我国信用缺失的原因及对策》，《甘肃金融》2014年第2期。

[83] 周素萍：《征信国家失信惩戒机制的建立及启示》，《经济纵横》2007年第7期。

[84] 陈金保：《加拿大税收信用体系中的"自我遵从"和"失信惩戒"》，《涉外税务》2008年第3期。

[85] 刘晓霞：《我国失信惩戒机制的构建思考》，《兰州交通大学学报》2003年第5期。

[86] 陈俊丽：《建立和完善我区失信惩戒机制研究》，《理论研究》2005年第6期。

[87] 郑兴祥：《试论从建立失信惩戒机制入手惩治经济犯罪》，《犯罪研究》2006年第1期。

[88] 何淑明：《征信国家失信惩戒机制建设中对中国的启示》，《重庆工商大学学报》2007年第1期。

[89] 周素萍：《我国失信惩戒机制的构建思路》，《商业时代》2007年第6期。

[90] 尹继志、李晓军、穆晓楠：《我国征信业发展与中央银行征信管理》，《华北金融》2004年第6期。

[91] 孙日瑶：《征信管理应注重品牌建设》，《济南金融》2006年第12期。

[92] 魏建国、鲜于丹：《建立失信惩戒机制的博弈分析》，《武汉理工大学学报》2007年第3期。

[93] 李清池、郭雳：《信用征信法律框架研究》，经济日报出版社2008年版。

[94] 王征宇：《美国的个人征信局及其服务》，中国方正出版社2003年版。

[95] 阮德信：《构建企业失信惩戒机制》，《企业文明》2008年第4期。

[96] 朱翠萍：《失信惩戒机制研究》，《中外企业家》2008年第2期。

[97] 李镭：《从契约论谈企业信用建设中的失信惩戒机制》，《中国经贸》（学术版）2007年第9期。

[98] 颜少君、陈文玲：《国失信惩戒机制构建研究》，中国经济出版社2013年版。

[99] 夏少敏、戴洪珊：《欧盟消费信用法的修改》，《法治与社会》2010年第5期。

[100] 陈当澳：《基于人民银行征信数据库的企业失信惩戒机制研究》，《苏州大学学报》2015年第2期。

[101] 贺仁义：《信用信息标准化建设探讨》，《华北金融》2012年第6期。

[102] 陈文玲：《美国信用体系的构架及其特点——关于美国信用体系的考察报告》，《南京经济学院学报》2003年第1期。

[103] 王富全：《征信体系建设中的失信惩戒机制分析》，《金融研究》2008年第5期。

[104] 李晓安、阮俊杰：《信用规制论》，北京大学出版社2004年版。

[105] 安贺新：《我国社会信用制度建设研究》，中国财政经济出版社2005年版。

[106] 陈根强：《行政失信惩戒制度研究》，《兰州学刊》2007年第10期。

[107] 帅萍、李晔：《制度供给缺失下我国的信任特征》，《经济师》2004年第2期。

[108] 魏建国、鲜于丹：《建立失信惩戒机制的博弈分析》，《武汉理工大学学报》2007年第3期。

[109] 桂花：《我国信用缺失的特点与原因》，《生产力研究》2005年第5期。

[110] 朱冬辉：《金融失信惩戒机制建设初探》，《南方金融》2006年第6期。

[111] 戴长林：《惩戒失信企业》，《经营与管理》2005年第6期。

[112] 林钧跃：《社会信用制度中的信用监督和失信惩戒》，《前线》

2004 年第 3 期。

[113] 向欣：《关于我国信用体系建设若干问题的思考》，《理论前沿》2005 年第 2 期。

[114] 林钧跃：《失信惩戒机制的设计和维护》，《经济社会体制比较》2002 年第 3 期。

[115] 林钧跃：《社会信用体系原理》，中国方正出版社 2003 年版。

[116] 李曙光：《中国征信体系框架与发展模式》，科学出版社 2006 年版。

[117] 高秀屏：《企业现代信用文化及其整合与培植》，《企业经济》2008 年第 10 期。

[118] 奈特：《风险、不确定性与利润》，商务印书馆 2005 年版。

[119] 韦森：《经济学与伦理学》，上海人民出版社 2002 年版。

[120] 张维迎：《信息、信任与法律》，生活·读书·新知三联书店 2003 年版。

[121] 袁庆明、刘洋：《威廉姆森交易成本决定因素理论评析》，《财经理论与实践》2004 年第 1 期。

[122] 徐万里、孙海法：《经济组织的经济学分析——兼评威廉姆森交易费用经济学观点》，《现代管理科学》2008 年第 2 期。

[123] 吴晶妹：《现代信用学》，中国金融出版社 2002 年版。

[124] 林均跃：《企业信用管理》，企业管理出版社 2001 年版。

[125] 林均跃：《消费者信用管理》，中国方正出版社 2002 年版。

[126] 王征宇、于江、黎晓波、陈全生、曹岱：《美国的个人征信局及服务》，中国方正出版社 2003 年版。

[127] 张仙锋：《网络欺诈与信任机制》，经济管理出版社 2007 年版。

[128] 姚明龙：《信用成长环境研究》，浙江大学出版社 2005 年版。

[129] 邓郁松：《借鉴国外经验推进我国社会信用体系建设》，《中国工商管理研究》2002 年第 8 期。

[130] 张维迎：《产权、政府与信誉》，生活·读书·新知三联书店 2001 年版。

［131］张维迎：《法律制度的信誉基础》，《经济研究》2002 年第 1 期。

［132］郑志刚：《声誉制度理论及其实践评述》，《经济学动态》2002 年第 10 期。

［133］叶建亮：《经济学视野里的信用：一个文献综述》，《中国社会科学评论》（香港）2002 年第 12 期。

［134］李向罡：《我国企业信用管理体系运行机制研究》，《吉林大学学报》2006 年第 2 期。

［135］刘仁军：《企业网络中的信任创造研究》，《经济社会体制比较》2007 年第 5 期。

［136］吴德胜：《网上交易中的私人秩序》，《经济学》（季刊）2007 年第 4 期。

［137］周黎安、张维迎、顾全林、沈懿：《信誉的价值：以网上拍卖为例》，《经济研究》2006 年第 12 期。

［138］周素萍：《征信国家失信惩戒机制的建立及启示》，《经济纵横》2007 年第 4 期。

［139］叶建亮：《交易扩展中的信用》，博士学位论文，浙江大学经济学院，2004 年。

［140］李俊丽：《我国个人征信体系的构建与应用研究》，博士学位论文，山东农业大学经济管理学院，2007 年。

［141］李颖：《我国个人信用征信体系研究》，博士学位论文，同济大学经济与管理学院，2005 年。

［142］李家军：《信用风险控制及博弈分析》，博士学位论文，西北工业大学，2005 年。

［143］张周：《信用信息共享和中国征信模式选择研究》，博士学位论文，复旦大学，2003 年。

［144］程民选：《信誉：从社会资本视角分析》，《财经科学》2005 年第 2 期。

［145］燕红忠、刘建生：《晋商信用制度启示》，《经济问题》2007 年第 11 期。

[146] 陈秋明：《论信用及规制》，《特区理论与实践》2007 年第 3 期。

[147] 高晓红：《马克思的信用理论与加强我国的信用建设》，《唯实》2004 年第 11 期。

[148] 宋清华：《银行危机：中国必须正视的现实》，《中央财经大学学报》2000 年第 6 期。

[149] 卢现祥：《我国制度经济学研究中的四大问题》，《中南财经政法大学学报》2002 年第 1 期。

[150] 王小龙：《对商业道德行为的一种经济学分析》，《经济研究》1999 年第 3 期。

[151] 汪丁丁：《当代经济学的行为学转向》，《财经》2002 年第 2 期。

[152] 陈燕：《我国信用环境优化研究》，博士学位论文，南京师范大学，2007 年。

[153] 李向是：《我国企业信用管理体系运行机制研究》，博士学位论文，吉林大学，2006 年。

[154] 张智梅：《我国商业银行信用风险度量及管理的改进研究》，博士学位论文，河海大学商学院，2006 年。

[155] 龙游宇：《信用的博弈演化研究》，博士学位论文，西南财经大学，2007 年。

[156] 张键：《信用风险的度—量与管理研究》，博士学位论文，复旦大学经济学院，2003 年。

[157] 孙智英：《信用问题的经济学分析》，博士学位论文，福建师范大学，2002 年。

[158] 范南：《信用理论、制度与实践问题研究》，博士学位论文，东北财经大学，2004 年。

[159] 熊大永：《信用风险理论与应用研究》，博士学位论文，复旦大学，2002 年。

[160] 魏玮、史耀疆：《渐进经济转轨中的信用秩序扭曲及其纠正》，《经济社会体制比较》2002 年第 3 期。

后 记

掩卷沉思，在书稿收笔的时刻，回想本书写作期间的点点滴滴，有许多对艰辛和收获的感慨。本书是在我们的研究团队受辽宁省发展和改革委员会的委托项目"社会主体信用奖惩联动机制研究"的基础上形成的，是几年来研究成果的总结，尽管存在很多的缺欠，但把它们用文字表达出来，确实也是一件艰辛的事。因此，更有许多要衷心感谢的人，没有他们的指导和帮助，本书稿的完成是难以想象的。

首先，我们要衷心地感谢辽宁省发展和改革委员会信用处的何万杰处长。从本书的架构、研究方案的制订到书稿的撰写、修改至最终成稿的整个过程中，都得到何万杰处长的指导。他开阔的视野、睿智的思想、渊博的学识、严谨的态度、高尚的品格都令我深深感动。

本书稿的完成还得到了辽宁省信用协会会长王希文老师的悉心指导和帮助。同时还要感谢辽宁省发展和改革委员会信用处于冰、卢君、谷瑞江各位同志的鼎力支持和帮助，在此向他们表示最诚挚的感谢！还要感谢那些未曾谋面的学者，是他们那些精彩的思想，给予我们许多快乐和启发，也给本书增添许多色彩。正是在吸取了他们的学术思想和研究成果的基础上，才能使本书顺利完成。

本书能够顺利完成得到了辽宁大学经济学院徐明威副教授的大力支持，他阅读了全书，在书稿的写作方面提出了许多中肯的建议，对我们的研究和写作大有启发，起到了非常关键的作用。

在写作过程中，沈阳师范大学王学颖教授在学术探讨和研究协作等方面给予了有益的帮助，在此表示深深的感谢。

本书的出版得到了中国社会科学出版社支持，卢小生主任对本书稿进行了认真的审阅，给出了衷心的审阅意见，我们由内心油然而生敬意。不仅因为他对书稿审阅的仔细，更为主要的是他对书稿的整体把握，对书稿中的一些关键问题的敏锐与提问，他的意见启发了我们，在此，深表感谢。

在本书写作过程中，曾多次遇到写作误区和盲点，所幸最终能坚持下来，囿于学识，不足之处，敬请批评指正。

李　锋

2016 年 12 月 12 日